Wasserfrosch beim Sonnen.

Die Autorin
Antje Jansen, Diplom-Biologin, gibt Gartenteichbau-Seminare an der Volkshochschule. Sie arbeitet seit 1988 wissenschaftlich über den Nährstoffhaushalt von Pflanzengesellschaften.

Die Fotos auf dem Umschlag:
Umschlagvorderseite: *Nymphaea* 'Marliacea Rosea'.
Umschlagseite 2: Blaue Schwertlilien.
Umschlagseite 3: Blutweiderich.
Umschlagrückseite: Gartenteich mit üppiger Randbepflanzung.

Wichtig: Damit die Freude an Ihrem Gartenteich ungetrübt bleibt, beachten Sie bitte die »Wichtigen Hinweise« auf Seite 63.

W0058751

Pflanzen sind die Seele des Gartenteiches

Grünen und blühen soll's am Gartenteich. Doch üppig wachsende Teichpflanzen machen den Teich nicht nur schön, sondern sind auch wichtig: Ohne Pflanzen würde ein Gartenteich gar nicht funktionieren. Zudem bieten sie Lebensraum für viele Tiere, die sich als bestaunenswerte Teichgäste einfinden.

Einen Gartenteich mit vielfältigem, gesundem Pflanzenwuchs und den unterschiedlichsten Teichtieren wünscht sich jeder – zur eigenen Freude und nicht zuletzt, um Kindern die Schönheiten der Natur im eigenen Garten nahezubringen. Damit sich Wasserkäfer, Libellen, Frösche und viele andere Teichtiere in und an Ihrem Gartenteich ansiedeln, können Sie sowohl beim Teichanlegen als auch mit der richtigen Bepflanzung Lebensräume für Ihre Teichgäste schaffen. Zum Beispiel bieten hochwachsende Röhrichtbestände Platz für Tiere, die Verstecke brauchen. Für Tiere, die sonnige Plätze bevorzugen, sind Bereiche mit niedrigen Pflanzen nötig. Außerdem sorgen Sie mit einer richtigen Bepflanzung für eine gute Wasserqualität.

Pflanzenfreundliche Gestaltung des Gartenteiches
Bereits bei der Anlage Ihres Gartenteiches können Sie dafür sorgen, daß die unterschiedlichsten Wasser- und Sumpfpflanzen prächtig gedeihen.

Für das Wohlergehen aller Teichpflanzen sind der Standort des Teiches, der Bodengrund und die Qualität des Teichwassers ausschlaggebend.
Die für die Pflanzen lebensnotwendigen unterschiedlichen Standorte im Teich – die einzelnen Lebensbereiche (→ Zeichnung, Seite 6) – lassen sich leicht durch Uferneigung und Wassertiefe schaffen. Standortvielfalt ermöglicht eine Vielfalt an Pflanzenarten.
Hinweis: Tips für die Anlage eines pflanzenfreundlichen Gartenteiches finden Sie nachfolgend. Für alle, die bereits einen Teich besitzen, der noch nicht optimal für Pflanzen ist, gibt's leicht nachvollziehbare Verbesserungsvorschläge auf den Seiten 8 und 9 (Praxis Pflanzhilfen).

Tips für den Teichstandort
Für das Wachstum aller Teichpflanzen ist Licht unbedingt erforderlich. Allgemein gilt: Je mehr Tageslicht eine Pflanze bei sonst gleichen Bedingungen wie Nährstoff-, Sauerstoffgehalt und Wassertempera-

tur hat, desto besser kann sie gedeihen. In jedem Fall müssen Sie bei der Standortwahl die Lichtbedürfnisse der Pflanzen berücksichtigen.
Sonne: Als Standort für den Gartenteich ist Ganztagsbesonnung zwar nicht unbedingt erforderlich, als untere Grenze gilt jedoch eine Besonnung von mindestens fünf Stunden am Tag.
Schatten: Wenn Sie keinen sonnigen Platz zur Verfügung haben, können Sie einen ebenso reizvollen »Schattenteich« mit schattenverträglichen Pflanzenarten (→ Seite 17) anlegen. Hier werden Sie jedoch sicher nicht die Blütenpracht wie beim sonnigen Teich erreichen. Auch bei der Anlage müssen Sie viel sorgfältiger planen, um eine optimale Ausnutzung des wenigen Lichts zu gewährleisten.
Vorsicht unter Bäumen: Bei der Standortwahl für den Teich kann bereits einiges für eine langfristig gute Wasserqualität getan werden: Um zu vermeiden, daß das Wasser durch herabfallende Früchte oder Laub zu sehr verschmutzt wird, sollten Sie einen Platz unter Bäumen vermeiden.

Größe und Tiefe
Egal wie groß – jedes Gewässer ist eine Bereicherung für den Garten und bietet die Möglichkeit, neben den Gartenpflanzen auch andersartige Pflanzen anzusiedeln.
Als Mindesttiefe für einen kleineren Teich (bis etwa 6 m²) sind etwa 80 cm nötig, bei größeren Teichen können auch 1,5 m erreicht werden. Größe und Tiefe des Teiches beeinflussen die Auswahl der Pflanzen. Es hat wenig Sinn, einen kleinen

Lotusblume (Nelumbo lutea). Diese exotische Schönheit ist sehr empfindlich und braucht einen sonnigen, windgeschützten Standort. Den Winter über am besten ins Gewächshaus stellen. ▷

Antje Jansen

Pflanzen
für den
Gartenteich

So blühen und grünen sie
am schönsten

Experten-Rat für
Kauf, Pflanzung, Pflege und Vermehrung

Mit Bepflanzungs-Ideen für
Sumpfzone, Flachwasser- und
Tiefwasserzone

Fotos: Friedrich Strauß
und andere bekannte Pflanzenfotografen
Zeichnungen: Marlene Gemke

GU Gräfe
und
Unzer

VORWORT
INHALT

Die Seele des Gartenteichs sind seine Pflanzen. Sie bringen nicht nur Schönheit, sondern auch Leben in den Teich, denn sie spielen zum Beispiel eine lebenswichtige Rolle für die Tierwelt des Teichs. Die richtige Bepflanzung macht den Teich zu dem kleinen Naturparadies, von dem jeder Teichbesitzer träumt. Voraussetzung dafür aber ist, daß man die »Kunst des Wassergärtnerns« ein wenig besser kennenlernt. Der Weg zum Erfolg beginnt bereits bei der Pflanzenauswahl. In diesem GU Pflanzen-Ratgeber finden Sie präzise Anleitungen für die richtige Bepflanzung von Sumpfzone, Flach- und Tiefwasserzone. Traumhaft schöne Farbfotos und detaillierte Pflegeanleitungen der schönsten Teichpflanzen für den Zier- und Naturteich helfen Ihnen, Ihren ganz persönlichen Traumteich zu verwirklichen. Auf Praxis-Seiten: Anschauliche Zeichnungen und leicht nachvollziehbare Anleitungen fürs Pflanzen, Pflegen und Vermehren. Außerdem gibt es spezielle Tips, zum Beispiel: wie man Seerosen richtig pflegt, empfindliche Teichpflanzen richtig überwintert, welche Pflanzen in einen Schattenteich passen oder wie man einen Teich, in dem Pflanzen nicht so gut wachsen, pflanzenfreundlicher gestalten kann.
Beispielhafte Bepflanzungsvorschläge für alle Teichzonen, für Pflanzengefäße, Einhängekästen, Böschungsmatten und Pflanzeninseln machen es jedem leicht, seinen Teich so zu bepflanzen, daß es vom Frühjahr bis zum Herbst üppig grünt und blüht.
Viel Freude beim Bepflanzen Ihres Gartenteichs wünschen Ihnen die Autorin und die GU Naturbuch-Redaktion.

Mimulus cupreus 'Roter Kaiser'.

Iris ochroleuca.

2

Teich mit großen Pflanzen voll-
zustopfen oder umgekehrt, einen
großen Teich nur mit klein-
wüchsigen Arten zu bepflanzen.

Bodengrund und Wasserqualität
Der Bodengrund beeinflußt den
Lebensraum der Teichpflanzen
ganz erheblich, gleichgültig, ob als
Bedeckung des ganzen Teich-
bodens oder als Substrat im Pflanz-
container. Bei der Wahl zwischen
verschiedenen Substraten ist
sowohl der Nährstoffgehalt als
auch die Korngröße des Materials
(→ Seite 8) von Bedeutung.
Nährstoffgehalt: Verwenden Sie als
Bodengrund nur nährstoffarmes
Material, am besten ein Sand-
Lehm-Kiesel-Gemisch (Kiesgrube) –
keine Gartenerde. Im Fachhandel ist
auch spezielle Teicherde erhältlich.
Achten Sie aber bitte darauf, daß
sie keinen Torf enthält, da bei der
Torfgewinnung die natürlichen
Standorte vieler seltener Pflanzen
zerstört werden. Wenn Sie durch
»fetten« Bodengrund viele Nähr-

stoffe in den Teich einbringen,
erzielen Sie damit nur eine trübe
Algenbrühe (→ Düngen, Seite 20).
Denn Nährstoffe aus dem Boden
werden im Wasser gelöst und
können von Algen viel schneller
genutzt werden als von anderen
Teichpflanzen.
Säuregrad: Die Art des Bodengrun-
des beeinflußt auch den Säuregrad
– den pH-Wert – Ihres Gartenteiches (→ Seite 20) und damit die
Auswahl der Pflanzen. Extreme
Ansprüche einzelner Pflanzen an
den pH-Wert werden in den
Pflanzenporträts (→ Seite 34
bis 59) genannt.
Fische im Teich: Wenn Sie in Ihrem
Teich Fische halten, kommen Sie ab
einer bestimmten Anzahl nicht
ohne technische Geräte wie Filter
aus. In einem Teich ohne technische Geräte gilt: je weniger Fische,
desto besser (am besten Fachlitera-
tur zu Rate ziehen, → Seite 63).
Sowohl das Wohlbefinden der
Fische als auch der Pflanzenwuchs
würden sonst beeinträchtigt.

Die Lebensbereiche im Teich
Im Gartenteich unterscheidet man
vier Lebensbereiche, die Sie beim
Anlegen des Teiches entsprechend
gestalten sollten (→ Zeichnung,
unten). Jeder Lebensbereich bietet
den Pflanzen ganz spezifische
Lebensbedingungen. Deshalb gibt
es auch für jeden Bereich spezielle
Pflanzen (→ Pflanzenporträts,
Seite 34 bis 59).

Die Sumpfzone
In der Sumpfzone läßt sich eine
große Vielfalt an Pflanzen und Tieren
ansiedeln. Vorausgesetzt, sie ist
ausreichend groß und im sonnigsten
Teil des Gartenteiches gelegen. Vom
Wasserspiegel bis zur Folie sollte sie
– flach verlaufend – eine Tiefe von
0 bis 25 cm haben und etwa 10 cm
dick mit Bodengrund (Sand-Lehm-
Kiesel-Gemisch) bedeckt sein.

Die Flachwasserzone
Der Übergangsbereich zwischen
Sumpf- und Tiefwasserzone sollte
nicht zu steil gestaltet werden, da

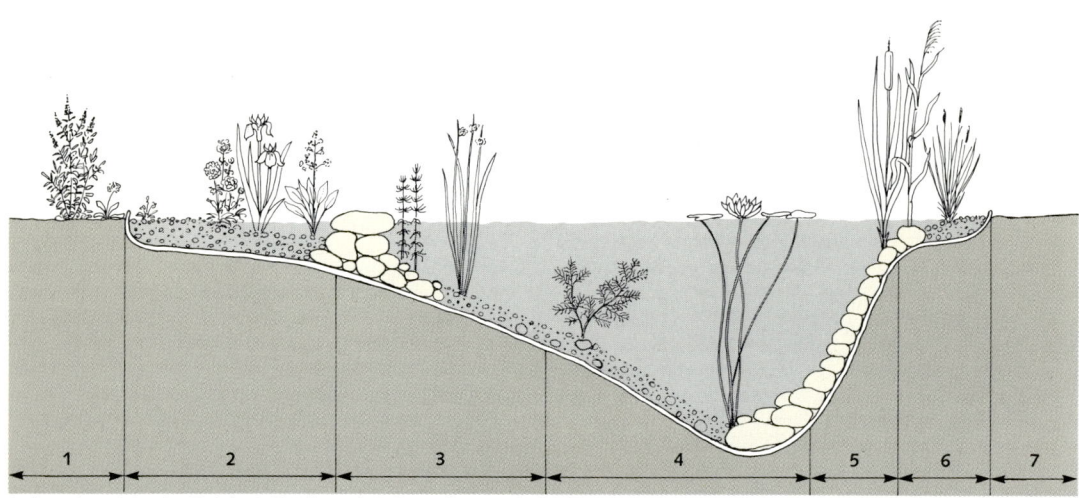

*Lebensbereiche im Teich. 1 Teichrand; 2 Sumpfzone; 3 Flachwasserzone; 4 Tiefwasserzone; 5 Steilufer;
6 Sumpfzone; 7 Teichrand.*

sonst der Bodengrund abrutscht. Bodenneigungen bis etwa 30° können mit feinerem Material bedeckt werden; für steilere Stellen ist gröberes Substrat (Steine bis etwa 15 cm Durchmesser) zu empfehlen.

Die Tiefwasserzone
Für manche Pflanzenarten, vor allem aber für Tiere, die im Wasser überwintern, ist es notwendig, daß es eine tiefe Zone im Teich gibt (mindestens 80 cm). Bei kleineren Teichen wird durch die ausgedehnte, flache Sumpfzone bereits viel von dem Platz verbraucht, der für den Teich vorgesehen ist. Um die notwendige Tiefe zu erreichen, legen Sie hier am besten einen kleinen Teil des Ufers steil an.

Der Teichrand
Wenn die Folie am Teichrand richtig verlegt ist (→ Praxis Pflanzhilfen, Seite 9), wird der Teichrand genauso trocken sein wie der restliche Garten. Daher können Sie dort auch alle Gartenpflanzen einsetzen. Am besten geeignet sind Pflanzen, die auch in der Natur in Gewässernähe vorkommen und trotzdem ein wenig Trockenheit vertragen wie zum Beispiel Wasserdost, Drüsiger Gilbweiderich und Pfennigkraut. Falls der Rasen bis an den Teichrand reicht, kann eine Zone aus Steinen oder Kies das Hereinwachsen von Gras in den Teich verhindern.

Ein Zugang zum Teich ist notwendig. Bepflanzen Sie deshalb einige Stellen – vor allem in der Hauptblickrichtung – möglichst spärlich, oder gestalten Sie mit Hilfe von Naturstein- oder Gehwegplatten ein Stück des Teichrands begehbar. Eine breite, dichtbewachsene Teichrandzone sollte natürlich nicht fehlen. Im Schrittabstand verlegte Trittsteine erleichtern Ihnen später an den dichtbewachsenen Stellen die Teichpflege.

Verwenden Sie nur nährstoffarme Erde für den Teichrand. Denn bei starkem Regen wird leicht Erde in den Teich geschwemmt, und dem Wasser werden damit zu viele Nährstoffe zugeführt. Pflanzen, die mit nährstoffarmer Erde nicht zurechtkommen, können Sie als Starthilfe etwas Gartenerde zu den Wurzeln geben.

Was sind Teichpflanzen?
Das Angebot an Pflanzen für die Gestaltung von Gartenteichen ist sehr groß. Um Teichpflanzen richtig auswählen und pflegen zu können, sollten Sie einiges über sie wissen. Es gibt zwei große Gruppen von Teichpflanzen:
• die Wasserpflanzen und
• die Sumpfpflanzen.

Wasserpflanzen
Sie werden unterteilt in
• Unterwasserpflanzen: Diese leben völlig untergetaucht, wurzeln im Boden und werden in die Tief- oder Flachwasserzone gesetzt.
• Schwimmblattpflanzen: Ihre Blätter schwimmen an der Wasseroberfläche. Zum Teil besitzen sie auch noch andersgestaltete Unterwasserblätter. Sie wurzeln im Boden und gehören in die Tief- oder Flachwasserzone.
• Schwimmpflanzen: Sie schwimmen an der Wasseroberfläche und haben meist keine Bodenwurzeln. Eine Ausnahme ist die Krebsschere (→ Seite 56), die frei schwimmt, aber im Herbst Wurzeln bildet, mit deren Hilfe sie sich zum Überwintern auf den Teichgrund zieht. Schwimmpflanzen bevorzugen die Tiefwasserzone.

Sumpfpflanzen
Sie stehen entweder nur mit den Wurzeln oder mit dem untersten Sproßteil im Wasser. Ihr Lebensbereich ist die Sumpfzone.

Algen
Algen sind auch Teichpflanzen. Sie besiedeln jeden Teich von allein. Solange sie nicht überhandnehmen, leisten sie im Gartenteich als natürliche Sauerstoff- und Futterquelle für Teichtiere gute Dienste.

Fadenalgen: In neuangelegten Gartenteichen kommt es oft zur starken Vermehrung von Fadenalgen, die als Algenpolster auf dem Wasser schwimmen. Sie sollten sie gelegentlich mit einem Kescher oder per Hand herausfischen, um einem Lichtmangel für Unterwasserpflanzen vorzubeugen.

Schwebalgen: Unerwünscht ist die übermäßige Vermehrung von Algen, die frei im Wasser schweben, mit dem bloßen Auge aber nicht sichtbar sind. Sie trüben das Teichwasser und können es bis zum »Umkippen« (→ Seite 20) bringen.

Andere Algen: In Grenzen gehalten schaden sie Ihrem Gartenteich in der Regel nicht.

Bedeutung der Pflanzen für den Teich
Teichpflanzen sind nicht nur schmückendes Beiwerk, sie bilden eine Lebensgemeinschaft mit Tieren und spielen darin eine große Rolle. Eine ihrer wichtigsten Aufgaben ist es, für klares Wasser zu sorgen und eine Algenblüte zu verhindern. Sie entnehmen dem Wasser gelöste Nährstoffe und entziehen damit unerwünschten Algen die Lebensgrundlage. Sehr erfolgreich dabei sind die Unterwasserpflanzen. Zusätzlich sorgt ihre große Blattfläche, an der sich Schwebstoffe absetzen und dort »festgehalten« werden, für Wasserklärung.

Unterwasserpflanzen tragen auch zur Sauerstoffanreicherung des Wassers bei. Sie geben Sauerstoff ins Wasser ab, wo er Tiere und Mikroorganismen versorgt.

PRAXIS
Pflanzhilfen

Am besten achten Sie bereits beim Teichanlegen auf eine pflanzenfreundliche Gestaltung. Das bedeutet, möglichst viele und unterschiedliche Bepflanzungsmöglichkeiten für Pflanzen zu schaffen. Aber auch fertige Gartenteiche, die nicht optimal angelegt wurden, lassen sich nachträglich verbessern. Auf dieser Seite finden Sie Bepflanzungshilfen, mit denen Sie einen vielfältigen und üppigen Pflanzenwuchs erzielen können.

Teich mit Bodengrund
Zeichnung 1
Wenn Sie in Ihrem Gartenteich Bodengrund haben wollen, so müssen Sie je nach Bodenneigung unterschiedliches Material verwenden. Feinmaterial wie Sand und Lehm sollte nur in die flache Sumpfzone eingebracht werden. Schon bei sehr geringer Bodenneigung rutscht es ab. Verlassen Sie sich nicht darauf, daß Pflanzenwurzeln den Bodengrund festhalten. Bis das Wurzelnetz dicht genug wäre, ist Feinmaterial längst an die tiefste Stelle gewandert. Für die flache Sumpf-

zone eignet sich ein Sand-Lehm-Kiesel-Gemisch am besten. Dieses nährstoffarme Material sollte etwa 10 cm dick aufgetragen werden. Am äußeren Rand der Sumpfzone sollte das Material bis zur Höhe des Teichrands aufgefüllt werden, so daß kein Wasser mehr zu sehen ist. Eine Mischung aus wenig Lehm und vielen Steinen eignet sich als Bodengrund für die Flachwasserzone. Schichten Sie das Material dort mindestens 5 cm dick auf die Folie. Sehr steile Ufer können mit Hilfe der Legesteinmauer gestaltet werden.

Legesteinmauer für steile Ufer
Zeichnung 2
Wenn die Sumpfzone an ein Steilufer grenzt, besteht die Gefahr, daß Bodengrund in die Tiefe rutscht. Eine Legesteinmauer kann den Bodengrund der Sumpfzone abstützen und gleichzeitig die Folie verkleiden. Mit der Zeit werden sich von allein Pflanzen aus der Sumpf- und Flachwasserzone an der Legesteinmauer ansiedeln, da sich ihre Rhizome dort festhalten können. Bei einem fertigen Teich muß das Wasser vorher abgelassen werden.
• Besorgen Sie sich aus einem Kieswerk flache, 10 bis 20 cm große Natursteine und einige größere Blöcke mit etwa 35 cm Durchmesser.

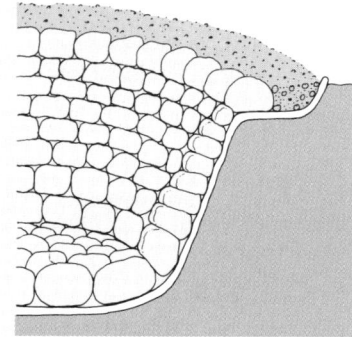

2 Legesteinmauer. Aus Natursteinen aufgeschichtet.

• Achten Sie beim Anbringen der Steine darauf, daß Sie die Ränder des Teiches nicht abtreten. Fahren Sie nicht mit der Schubkarre über die Folie. Ein Helfer kann Ihnen die Steine über den Teichrand reichen.
• Legen Sie die größten Steine an die tiefste Stelle. Variieren Sie die Lage der Steine so lange, bis sie fest miteinander verkantet sind.
• Weitere, immer kleiner werdende Steine auf Lücke aufschichten (niemals große auf kleine Steine legen).
• Ziehen Sie die Mauer auf diese Weise bis an die obere Kante des Steilufers hoch.
• Zuletzt stützen Sie den Bodengrund der angrenzenden Sumpfzone mit großen Steinen ab.

Behälter als Pflanzhilfen
Ganz einfach lassen sich Steilufer mit Hilfe von Pflanzgefäßen, die am Rand eingehängt oder auf den Teichgrund gestellt werden, oder mit Böschungsmatten bepflanzen.

Einhängekasten
Zeichnung 3
Diese Kästen eignen sich für einen Teich, der in einem alten Schwimmbecken angelegt ist oder mit der Terrasse abschließt. Sie werden mit Halterungen für Balkonkästen befestigt und so eingehängt, daß

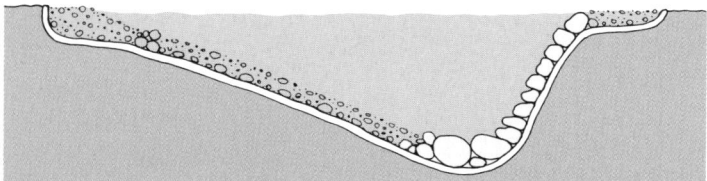

1 Geeigneter Bodengrund. Sand-Lehm-Kiesel-Gemisch für die Sumpfzone, Lehm mit Steinen für die Flachwasserzone, Legesteinmauer für Steilufer.

sie mit Wasser bedeckt sind. Die Halterungen mit Spezialdübeln außerhalb des Teiches verankern oder an die Innenseite der Mauer dübeln.

Pflanzcontainer
Zeichnung 4
Pflanzcontainer können Sie nicht nur an Steilufer, sondern auch als Inseln mitten in Ihren Teich setzen. Als Podest dienen U-Steine (Baustoffhandel). Polstern Sie die Folie mit einem Folienstück (3fach gefaltet), bevor Sie den U-Stein daraufstellen, damit sie nicht beschädigt wird. Wie tief der Container im Wasser stehen soll, hängt von der Bepflanzung ab (→ Bepflanzungstips für Gefäße, Seite 17).

Böschungsmatte (→ Zeichnung, Seite 28): Das ist eine Pflanztasche, die aus einem lockeren Kokosgeflecht besteht. Sie wird am Teichrand mit speziellen Bodendübeln befestigt, die Sie zusammen mit der Matte kaufen können. Die Böschungsmatte wird mit nährstoffarmem Sand-Lehm-Kiesel-Gemisch gefüllt. In das lockere Geflecht können Sie über und unter Wasser die passenden Pflanzen einsetzen. Gut geeignet sind Sumpfpflanzen, die Ausläufer oder Rhizome bilden.

Folie am Teichrand richtig verlegen
In vielen Gartenteichen läuft die Folie am Teichrand flach aus. Besser ist es, wenn sie senkrecht nach oben verlegt wird.

Flach auslaufende Folie
Zeichnung 5
In diesem Fall entsteht eine Verbindung zwischen Teichrand und Sumpfzone. In trockenen Zeiten entziehen dann die Pflanzen am Teichrand dem Teich eine große Menge Wasser. Die Sumpfzone trocknet in diesen Zeiten oft ganz aus. Insgesamt unterliegt sie starken Wasserstandsschwankungen, und es gibt nur wenige Sumpfpflanzen, die diese Wechselfeuchte vertragen (→ Pflanzenporträts, Seite 34 bis 59).

Senkrecht endende Folie
Zeichnung 6
Eine reiche Auswahl an Pflanzen für die Sumpfzone haben Sie, wenn der Wasserspiegel wenig schwankt, also keine Verbindung zwischen Sumpfzone und Teichrand besteht. Um die Folie senkrecht zu verlegen, stechen Sie den äußeren Rand der Sumpfzone eine Spatentiefe senkrecht ab, daß die Folie gerade hochsteht. Die Folie sollte in der Höhe des Teichrands enden. Sie kann unter Steinen verborgen werden.

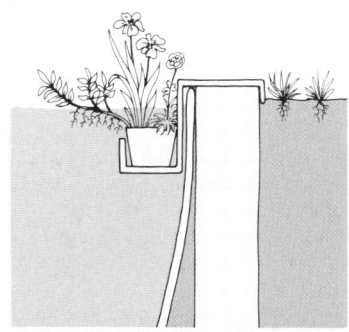

3 Einhängekasten. Er wird mit Halterungen für Balkonkästen befestigt.

4 Pflanzcontainer. Er kann als Pflanzeninsel (auf einem U-Stein) mitten in den Teich gestellt werden.

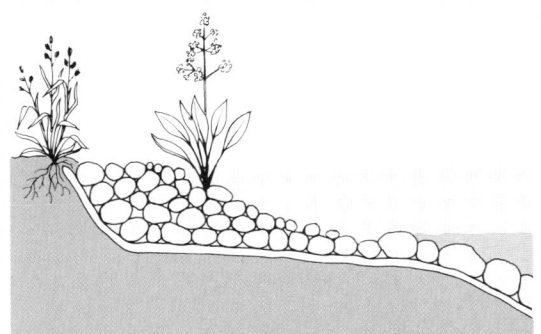

5 Flach auslaufende Folie verursacht oft starke Wasserstandsschwankungen; nicht empfehlenswert.

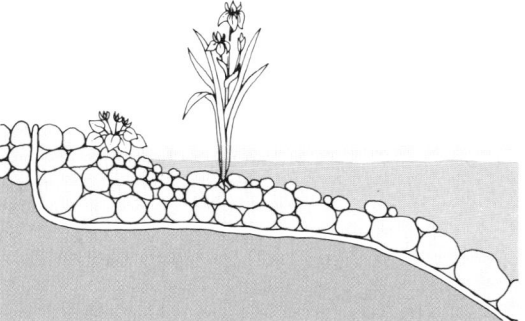

6 Senkrecht endende Folie sorgt für feuchtbleibende Sumpfzone; empfehlenswert.

9

Perfekt eingerichtet auf das Leben am und im Wasser

Teichpflanzen haben sich ausgezeichnet an das Leben im Wasser oder mit von Wasser überstauten Wurzeln angepaßt.

Wasserpflanzen besitzen sehr weiche Blätter, die nicht wie bei den Landpflanzen mit einer Wachsschicht versehen sind. Dadurch können sie Nährstoffe und Kohlendioxid dem Wasser direkt entnehmen. Um möglichst viele Nährstoffe aus dem Wasser ziehen zu können, haben Unterwasserblätter eine große Oberfläche, die sich aus ihrer besonderen Gestalt ergibt: Sie sind meist zarter und viel feiner zerteilt als Schwimmblätter.

Viele Wasserpflanzen besitzen in ihren Stengeln ein gut ausgebildetes luftleitendes Gewebe als Atem- und Schwimmhilfe: Einerseits erhöht die Luft den Auftrieb der Blätter und ermöglicht, daß die Schwimmblätter an der Wasseroberfläche bleiben. Andererseits werden so das Rhizom – ein Sproßteil mit Wurzelfunktion – und die Wurzeln der Pflanzen mit Sauerstoff aus der Luft versorgt, der von den Blättern aufgenommen und durch die Stengel nach unten geleitet wird. Es ist also auch in fast sauerstoff-freiem Boden für die Wasserpflanzen kein größeres Problem zu überleben.

Sumpfpflanzen haben oft große und zarte Blätter, die ihnen in ihrer feuchten Umgebung eine ausreichende Wasserverdunstung ermöglichen. Diese ist erforderlich, um Wasser mit den darin gelösten Nährstoffen zu filtern und zu transportieren: Die Nährstoffe werden auf dem Transportweg herausgefiltert, das Wasser an der Blattoberfläche verdunstet.

Bezaubernder Anblick: Paarungsrad der Pechlibellen.

Botanisches zum Staunen

Wasserpflanzen überraschen mit einigen erstaunlichen Leistungen. Zunächst ist bemerkenswert, daß Wasserpflanzen nicht direkt von den »Urpflanzen«, die ja im Wasser angesiedelt waren, abstammen. Sie sind wieder ins Wasser zurückgewanderte ehemalige Landpflanzen. Durch die Entwicklung von immer mehr Arten an Land ist Konkurrenz entstanden, der sie ausgewichen sind. Allmähliche Veränderungen ermöglichten es ihnen, auf immer nassere Standorte auszuweichen, bis sie schließlich ganz im Wasser landeten. Diese Entwicklung kann man sich gut anhand des Wasserknöterichs (→ Seite 55) vorstellen. Er hat nicht wie die anderen Wasserpflanzen das Landleben ganz aufgegeben, sondern kann je nach Standort eine Wasser- oder eine Landform ausbilden. Seine Lebensweise wird deshalb amphibisch genannt.

Damit die bereits auf das Landleben eingerichteten Pflanzen diesen »Rückschritt« ins Wasser schaffen konnten, waren umfangreiche Veränderungen notwendig:
- Sie haben Schwimmen gelernt.
- Sie können Kohlendioxid und Sauerstoff unter Wasser austauschen.
- Sie sind in der Lage, nicht nur über ihre Wurzeln, sondern auch über ihre Blätter Nährstoffe direkt aus dem Wasser aufzunehmen.
- Ihre Blätter haben keine wasserundurchlässige Wachsschicht mehr. Diese würde den Stoffaustausch mit dem umgebenden Wasser behindern.
- Blüte, Bestäubung und Fruchtverbreitung sind unter Wasser möglich.

Vermehrung ohne Blüten

Die Bedingungen für eine Vermehrung über Samen sind für Blütenpflanzen unter Wasser ziemlich ungünstig. Durch schlechte Sauerstoffversorgung am Bodengrund sterben die Samen häufig ab. Deshalb vermehren sich Blütenpflanzen im Teich meistens über Ausläufer und Rhizomverzweigungen. So wachsen immer viele Wasserpflanzen einer Art in dichten Gruppen nebeneinander. Dagegen können bei Landpflanzen, die sich durch Samen vermehren, sehr unterschiedliche Arten auf kleinem Raum wachsen.

Weit verbreitet ist die Vermehrung durch Ausläufer auch bei blütenlosen Wasserpflanzen. Zum Beispiel bilden Armleuchteralgen (→ Seite 58) einen dichten »Unterwasserrasen«, der den Teichboden sauberer, lichtdurchlässiger Gewässer oft ganz bedeckt.

Wurzellose Lebenskünstler

Einige Wasserpflanzen wie Wasserschlauch- und Hornblattarten entwickeln keine Wurzeln mehr. Diese Pflanzen tragen sehr erfolgreich zur Wasserreinigung im Gartenteich bei, da sie die im Wasser gelösten Nährstoffe ausschließlich über die Blätter aufnehmen. Sie entziehen dadurch dem Teichwasser mehr Nährstoffe als die im Bodengrund wurzelnden Pflanzen.

Das Hornblatt (→ Seite 58) ist nur in Gewässern vorhanden, in denen die im Wasser gelösten Nährstoffe für seine Ernährung ausreichen. Der Wasserschlauch (→ Seite 59) besiedelt auch klare Gewässer mit einer geringeren Menge an gelösten Nährstoffen, denn als Zusatzernährung kann er kleine Tiere wie Wasserflöhe fangen und verdauen. Als Fallen hat diese fleischfressende Pflanze einen Teil ihrer Blätter in kleine Bläschen umgewandelt, in denen Unterdruck herrscht. An der Öffnungsklappe der Bläschen befinden sich feine Borsten, die bei Berührung durch ein kleines Tierchen schlagartig zur Öffnung dieser Klappe führen. Durch den Sog strudelt zum Beispiel ein Wasserfloh in die Fangblase, die Klappe schließt sich wieder, und er wird verdaut.

Ernährung aus der Luft

Für alle Pflanzen ist Stickstoff ein lebensnotwendiger Nährstoff. Die meisten Wasserpflanzen sind auf gelöste Stickstoffverbindungen aus dem Wasser und dem Bodengrund angewiesen. Blaualgen sind in der Lage, Stickstoff direkt aus der Luft aufzunehmen. Durch biologische Abbauprozesse kommt dieser dann der ganzen Pflanzenwelt im Teich zugute.

Unterwasserblüten

Man kann sie zum Beispiel beim Hornblatt beobachten. Allerdings sind Unterwasserblüten ziemlich unscheinbar, da sie keine bestäubenden Insekten anlocken müssen wie »normale« Blüten mit farbenprächtigen und duftenden Blütenblättern. Wasserinsekten leben in der Regel von tierischer Nahrung und sammeln deshalb keine Blütenpollen.

Überwinterungsknospen

Um den Winter zu überdauern, bilden manche Unterwasserpflanzen kleine Knospen aus, die abfallen und sich im Schlamm vor dem Erfrieren schützen können. Aus solchen Überwinterungsknospen wachsen im Frühjahr Pflanzen wie zum Beispiel Wasserschlauch, Froschbiß oder Krebsschere wieder heran.

Die Überwinterungsknospen sind klein und unscheinbar. Um sie zu schonen, sollten Sie beim Ausräumen von abgestorbenem Material im Herbst vorsichtig sein.

Faszination Gartenteich.
Platz für einen Teich ist im kleinsten Garten. Nur 300 m² groß ist der Garten, in dem dieser Teich sich in seiner runden Form harmonisch einfügt. Eine üppige Randbepflanzung mit Gartenblumen und bizarren Gräsern und der gepflasterte Sitzplatz machen den Teich zum Lieblingsplatz für die ganze Familie.

Iris kaempferi 'Embosed', eine Sorte der Japanischen Schwertlilie. Sie wird bis zu 1 m hoch und braucht humosen, sauren Boden.

13

So wird Ihr Teich zum Pflanzenparadies

Attraktive und farbenprächtige Pflanzen für den Gartenteich werden in Hülle und Fülle zum Kauf angeboten. Damit es in und an Ihrem Gartenteich von Frühjahr bis Herbst grünt und blüht, müssen Sie die Pflanzen richtig auswählen und am richtigen Standort einpflanzen.

Zwölf goldene Regeln für die Bepflanzung eines Gartenteiches

1 Achten Sie beim Kauf auf die Blütezeit der Pflanzen (→ Pflanzenporträts, Seite 34 bis 59), wenn Sie wollen, daß es im und am Teich vom Frühjahr bis zum Herbst blüht.

2 Wundern Sie sich beim Kauf von Seerosen nicht, wenn sie entsetzlich stinken. Oft ist das Ende des Wurzelstocks abgestorben und fault. Das ist bei Seerosen aber ein völlig normaler Vorgang, der die Gesundheit der Pflanzen nicht beeinträchtigt.

3 Lassen Sie sich nicht durch die geringe Größe der Teichpflanzen beim Einkauf täuschen, sie entwickeln sich in Kürze zu prachtvollen Pflanzen.

4 Pflanzen Sie bei kleinen Arten nicht mehr als 10, bei großen nicht mehr als 5 Pflanzen pro Quadratmeter (→ Pflanzdichte in den Pflanzenporträts, Seite 34 bis 59).

5 In kleinen Gartenteichen sollten Sie keine zu hohen Pflanzenarten einsetzen wie Schilf, Breitblättriger Rohrkolben und Wasserschwaden.

6 Bepflanzen Sie die Seite des Teiches, die in Blickrichtung liegt (zum Beispiel vor der Terrasse), mit kleinen Pflanzenarten.

7 Verschieden große Pflanzen nicht durcheinander einsetzen. Die kleinen würden von den großen Pflanzen völlig beschattet und verdrängt werden.

8 Pflanzen Sie kleine Arten in Gruppen, damit sie von großen nicht verdrängt werden können.

9 Allzu hohe Pflanzen nicht auf die Sonnenseite setzen, sie beschatten die kleinen.

10 Unterwasserpflanzen gehören in jeden Teich, denn sie verbessern die Wasserqualität.

11 Bringen Sie keine zusätzlichen Nährstoffe durch Dünger und nährstoffreiche Erde in den Teich, sie fördern nur das Algenwachstum.

12 Wenn Sie wollen, daß auch Frösche, Kröten und Molche Ihren Teich besiedeln, bepflanzen Sie eine Seite des Teiches dicht mit Stauden, um ihnen einen ungestörten Lebensraum zu schaffen.

Hinweis: Wenn Sie einen Bachlauf besitzen und nach geeigneten Pflanzen suchen, finden Sie Hinweise in den Pflanzenporträts (→ Seite 34 bis 59).

Wann wird der Teich bepflanzt?

Sie können Ihren Gartenteich vom Frühjahr bis zum Herbst bepflanzen. Fürs Neupflanzen oder fürs Nachpflanzen ist Mai/Juni eine gute Zeit, weil die Pflanzen sich gleich zu Beginn ihres Wachstums an die Standortgegebenheiten anpassen können. Im Laufe des Sommers werden sie dann ihre ganze Pracht entfalten. Aber auch mitten im Hochsommer eingesetzte Pflanzen wachsen an. Ihre Blütenpracht werden Sie jedoch erst im nächsten Jahr genießen können.

Wichtig: Wenn man im zeitigen Frühjahr und im Spätherbst nachpflanzt, besteht die Gefahr, daß zu dicht bepflanzt wird. Pflanzen, die Überwinterungsknospen bilden (→ Seite 11), können beim Nachpflanzen zu dieser Zeit kaum berücksichtigt werden.

Wo es Teichpflanzen zu kaufen gibt

Eine große Auswahl an Teichpflanzen haben Sie in Gartencentern, im Zoo- und Gartenfachhandel und in den speziellen Wasserpflanzengärtnereien. Auch über den Pflanzenversandhandel können Sie Teichpflanzen bestellen.

Wichtig: Bitte besorgen Sie sich Ihre Teichpflanzen nicht aus der Natur, denn dadurch würden Sie in jedem Fall Lebensräume schädigen und bei Arten, die unter Naturschutz stehen, sogar mit dem Gesetz in Konflikt kommen. Bei der reichen Auswahl an nachgezüchteten Pflanzen, die der Handel bietet, kann man darauf leicht verzichten.

Worauf beim Kauf zu achten ist

Bevor Sie sich für eine Pflanze entscheiden, informieren Sie sich über ihre Pflegebedürfnisse. Besonders beim Überwintern von Seerosen (→ Seite 24) kann der Pflegeaufwand sehr unterschiedlich sein. Schauen Sie sich die Pflanzen genau

Eine gelungene Pflanzenkombination: Zarte blaue und frische gelbe Blüten in saftigem Grün.

an, achten Sie auf folgendes:
• Alle Teichpflanzen müssen junge Triebe oder Knospen haben. Sie dürfen nicht zu viele abgeknickte Stengel oder Blätter besitzen. Einzelne stören nicht, schneiden Sie sie beim Einpflanzen ab.
• Wasserpflanzen dürfen braun und unansehnlich aussehen, jedoch nicht angefault sein. Am richtigen Standort erholen sie sich rasch.
• Bei Sumpfpflanzen muß der Wurzelstock kräftig sein. Sind junge Triebe schon zu weit entwickelt, sollten Sie sie zurückschneiden.

Transport der Pflanzen
Teichpflanzen sollten möglichst sofort eingepflanzt werden. Lange Lagerung kann ihnen schaden.
<u>Schwimmblattpflanzen</u> transportieren Sie am besten in einem mit Wasser gefüllten Eimer. Für längeren Transport ein größeres Gefäß verwenden, damit die Schwimmblätter auf der Wasseroberfläche liegen. Für kürzere Strecken reicht eine Plastiktüte.
<u>Schwimmpflanzen</u> in einem mit Wasser gefüllten Eimer transportieren (für kurze Strecken reicht auch eine Plastiktüte).
<u>Unterwasserpflanzen</u> mit Wasser bedeckt in einem großen Gefäß transportieren. Nur kurzzeitig lagern. Wenn sie lange zu dicht aufeinander liegen, bekommen sie kein Licht und sterben ab.
<u>Sumpfpflanzen</u> so transportieren, daß ihre Wurzeln im Wasser stehen oder durch eine Plastiktüte vor dem Austrocknen schützen. Bei längerer Lagerung sollten sie mit den Wurzeln im Wasser und nicht zu dicht stehen.

Bepflanzungsvorschlag für einen Gartenteich

Die Zeichnung unten zeigt einen Modellteich, der einen Durchmesser von etwa 6 m an der breitesten Stelle hat. Er ist in die Zonen A bis K eingeteilt, für die Sie jeweils einen Vorschlag für Anzahl und Art der Pflanzen finden.

A Sumpfzone (sonnig, niedriger Bewuchs, Blickrichtung): 5 Wasserminzen (*Mentha aquatica*); 3 Bachbungen (*Veronica beccabunga*); 1 Sumpfvergißmeinnicht (*Myosotis palustris*); 2 Sumpfdotterblumen (*Caltha palustris*); 2 Blaue Schwertlilien (*Iris sibirica*); 3 Fieberklee (*Menyanthes trifoliata*); 3 Straußblütige Gilbweiderich (*Lysimachia thrysiflora*); 3 Pfennigkraut (*Lysimachia nummularia*); 2 Tannenwedel (*Hippuris vulgaris*).

B Sumpfzone (halbschattig, etwas höhere Pflanzen): 2 Schlangenknöterich (*Polygonum bistorta*); 3 Wollgras (*Eriophorum latifolium*); 1 Fieberklee (*Menyanthes trifoliata*); 3 Gelbe Schwertlilien (*Iris pseudacorus*); 5 Zwergbinsen (*Eleocharis palustris*); 1 Trollblume (*Trollius europaeus*).

C Sumpfzone (sonnig, hohe Pflanzen): 1 Gelbe Schwertlilie (*Iris pseudacorus*); 3 Helmkraut (*Scutellaria galericulata*); 2 Pfeilkraut (*Sagittaria sagittifolia*); 1 Wasserknöterich (*Polygonum amphibium*); 1 Sumpfcalla (*Calla palustris*); 2 Igelkolben (*Sparganium erectum*); 1 Blutweiderich (*Lythrum salicaria*); 2 Hängeseggen (*Carex pendula*).

D Sumpfzone (sonnig bis halbschattig, hohe Pflanzen): 2 Pfeifengras (*Molinia caerulea*); 2 Pestwurz (*Petasites hybridus*).

E Sumpfzone (halbschattig, hohe Pflanzen als Abschluß): 2 Wasserdost (*Eupatorium cannabinum*); 1 Schilf (*Phragmites australis*); 2 Mädesüß (*Filipendula ulmaria*).

F Flachwasserzone: 2 Zungenhahnenfuß (*Ranunculus lingua*); 3 Seekannen (*Nymphoides peltata*); 2 Wasserhahnenfuß (*Ranunculus aquatilis*), 1 Schwimmendes Laichkraut (*Potamogeton natans*); 2 Wasserfeder (*Hottonia palustris*); 3 Armleuchteralgen (*Chara spec.*); 2 Sumpfblutaugen (*Comarum palustre*).

G Tiefwasserzone: 1 Seerose (*Nymphaea alba*); 1 Teichrose (*Nuphar lutea*); 3 Tausendblatt (*Myriophyllum verticillatum*); 3 Hornblatt (*Ceratophyllum demersum*); 3 Wasserpest (*Elodea canadensis*); 3 Wasserschlauch (*Utricularia vulgaris*).

H Pflanzeninsel (Containerdurchmesser etwa 1 m): 2 Schilf (*Phragmites australis*); 3 Teichbinsen (*Scirpus lacustris*); 2 Schwanenblumen (*Butomus umbellatus*); 5 Tannenwedel (*Hippuris vulgaris*); 2 Rohrkolben (*Typha latifolia*); neben den Container 3 Krebsscheren (*Stratiotes aloides*).

I Teichrand (Südseite, Blickrichtung): 1 Gilbweiderich (*Lysimachia punctata*); 1 Rainfarn (*Tanacetum vulgare*); 3 Schwertlilien (*Iris kaempferi*); 5 Wasserminzen (*Mentha aquatica*); 3 Pfennigkraut (*Lysimachia nummularia*).

K Teichrand (Nordseite): 1 Wasserdost (*Eupatorium cannabinum*); 1 Mädesüß (*Filipendula ulmaria*); 3 Weidenröschen (*Epilobium hirsutum*); 1 Waldgeißbart (*Aruncus dioicus*).

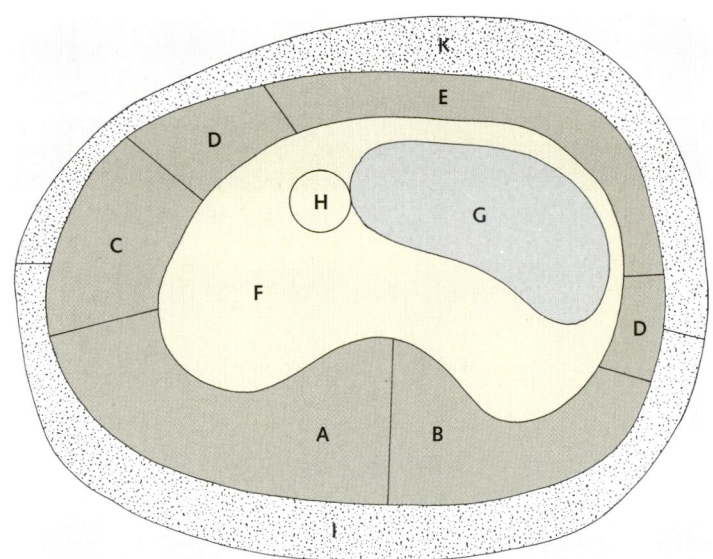

Detaillierter Bepflanzungsvorschlag für alle Teichzonen. A bis E = Sumpfzone; F = Flachwasserzone; G = Tiefwasserzone; H = Pflanzeninsel; I und K = Teichrand.

Bepflanzungstips für Gefäße

Mit Pflanzcontainern lassen sich Inseln im Teich anlegen. Außerdem verwendet man sie in Teichen ohne Bodengrund. Praktisch sind auch die Einhängekästen (→ Seite 9).

Röhrichtcontainer: Durchmesser etwa 1 m, in 20 cm Wassertiefe.
• 6 Schilf (*Phragmites australis*); 10 Teichbinsen (*Scirpus lacustris*); 6 Tannenwedel (*Hippuris vulgaris*) oder
• 5 Rohrkolben (*Typha latifolia*); 10 Teichbinsen (*Scirpus lacustris*); 3 Wasserschwaden (*Glyceria maxima*); 3 Krebsscheren (*Stratiotes aloides*).

Blumencontainer: Durchmesser etwa 80 cm, in 10 cm Wassertiefe.
• 3 Rohrkolben (*Typha angustifolia*); 4 Gelbe Schwertlilien (*Iris pseudacorus*); 6 Tannenwedel (*Hippuris vulgaris*); 3 Fieberklee (*Menyanthes trifoliata*) oder
• 3 Blutweiderich (*Lythrum salicaria*); 2 Froschlöffel (*Alisma plantago-aquatica*); 3 Sumpfblutaugen (*Comarum palustre*); 5 Tannenwedel (*Hippuris vulgaris*).

Einhängekasten: Etwa 1 m lang.
• Niedrige, polsterbildende Bepflanzung: 2 Sumpfdotterblumen (*Caltha palustris*); 3 Sumpfvergißmeinnicht (*Myosotis palustris*); 3 Bachbungen (*Veronica beccabunga*); 5 Pfennigkraut (*Lysimachia nummularia*); 3 Fieberklee (*Menyanthes trifoliata*).
• Mittelhohe Bepflanzung: 3 Wollgras (*Eriophorum latifolium*); 2 Trollblumen (*Trollius europaeus*); 5 Blaue Schwertlilien (*Iris sibirica*); 3 Sumpfblutaugen (*Comarum palustre*); 3 Fieberklee (*Menyanthes trifoliata*).
• Hohe Bepflanzung: 3 Gelbe Schwertlilien (*Iris pseudacorus*); 1 Steife Segge (*Carex elata*); 2 Froschlöffel (*Alisma plantago-aquatica*); dazu 5 Sumpfvergißmeinnicht (*Myosotis palustris*).

Pflanzen für den Schattenteich

In einem Gartenteich, der im lichten Schatten von Laubgehölzen angelegt ist, gedeihen nur spezielle schattenverträgliche Pflanzenarten. Von der Anlage eines Gartenteiches im dunklen Schatten von dichtem Nadelgehölzen ist ganz abzuraten.

Pflanzennamen	Wassertiefe	Anzahl pro m²
Brunnenkresse (*Nasturtium officinale*)	0 - 3 cm	5
Flutendes Süßgras (*Glyceria fluitans*)	0 - 5 cm	2
Gelbe Schwertlilie (*Iris pseudacorus*)	0 - 10 cm	3
Gemeines Schilf (*Phragmites australis*)	0 - 30 cm	5
Glänzendes Laichkraut (*Potamogeton lucens*)	30 - 80 cm	2*
Hängesegge (*Carex pendula*)	0 - 10 cm	2
Krauses Laichkraut (*Potamogeton crispus*)	20 - 50 cm	4*
Pestwurz (*Petasites hybridus*)	0 cm	2
Pfeilkraut (*Sagittaria sagittifolia*)	0 - 20 cm	2
Pfennigkraut (*Lysimachia nummularia*)	0 - 10 cm	5
Rauhes Hornblatt (*Ceratophyllum demersum*)	schwimmend	5
Scheinzypergras-Segge (*Carex pseudocyperus*)	0 - 10 cm	2
Schwanenblume (*Butomus umbellatus*)	0 - 10 cm	5
Schwimmendes Laichkraut (*Potamogeton natans*)	ab 40 cm	3*
Sumpfblutauge (*Comarum palustre*)	10 - 40 cm	2
Sumpfcalla (*Calla palustris*)	0 cm	2
Sumpfdotterblume (*Caltha palustris*)	0 - 5 cm	2
Sumpffarn (*Thelypteris palustris*)	0 - 3 cm	2
Tannenwedel (*Hippuris vulgaris*)	5 - 20 cm	5*
Wasserschwaden (*Glyceria maxima*)	0 - 20 cm	2

* in Gruppen anpflanzen

PRAXIS
Einpflanzen

Einpflanzen in den Bodengrund

Beachten Sie die Standortansprüche der Pflanzen und ihre Nährstoffbedürfnisse (→ Pflanzenporträts, Seite 34 bis 59).

Anspruchslose Teichpflanzen
Zeichnung 1

Pflanzen mit geringem Nährstoffbedarf können ohne zusätzliches Substrat direkt in den Bodengrund gesetzt werden. Gehen Sie in folgenden Schritten vor:
- Umgeknickte Stengel unter der Knickstelle abschneiden.
- Wurzeln so einkürzen, daß sie im Pflanzloch nicht umgeschlagen liegen, sonst faulen sie leicht.
- Wurzeln immer anschneiden, auch wenn sie kurz sind. Dadurch werden nicht nur abgestorbene Teile entfernt, sondern auch das Wachstum der Wurzeln angeregt.
- Mit einer kleinen Schaufel ein Pflanzloch im Bodengrund ausgraben. Es sollte nur ein wenig größer als der Wurzelballen sein.
- Pflanzen einsetzen, Pflanzloch mit Bodengrund auffüllen und darauf achten, daß der Wurzelhals (Übergangsbereich vom Stengel zu den Wurzeln) gerade noch mit Bodengrund bedeckt ist.

Anspruchsvolle Teichpflanzen
Zeichnung 2

Für sie reicht die Nährstoffversorgung vor allem im neu angelegten Gartenteich oft nicht aus. Geben Sie diesen Pflanzen als Starthilfe nährstoffreiche, aber düngerfreie Gartenerde ins Pflanzloch dazu.
- Umgeknickte Stengel unter der Knickstelle abschneiden.
- Wurzeln einkürzen.
- Pflanzloch etwa 5 cm tiefer und breiter als der Wurzelballen ausgraben.
- Mit der einen Hand den Wurzelballen ins Pflanzloch halten, mit der anderen Hand so viel Gartenerde auffüllen, daß der Wurzelansatz knapp bedeckt ist. Erde festdrücken.
- Damit die Nährstoffe bei den Wurzeln bleiben und nicht ins Teichwasser gelangen, Erde mit einer Kiesschicht bedecken. Diese darf nicht über die Höhe des ersten Blattansatzes hinausreichen.

Pflanzen mit besonderem Anspruch an den Säuregrad

Einige Teichpflanzen stellen besondere Ansprüche an den pH-Wert und damit an den Kalkgehalt des Wassers. Denn je höher der pH-Wert ist, desto höher ist der Kalkgehalt.

Einer kalkliebenden Pflanze wie der Blauen Schwertlilie (→ Pflanzenporträts, Seite 44) geben Sie deshalb am besten zur nährstoffreichen Erde zusätzlich etwas Kalk ins Pflanzloch. Einer kalkmeidenden Pflanze wie der Sumpfcalla (→ Pflanzenporträts, Seite 38) sollten Sie statt nährstoffreicher Erde etwas gut verrotteten Rindenmulch ins Pflanzloch geben. Es empfiehlt sich, beide Vorgänge alle 1 bis 2 Jahre zu wiederholen, wenn die Pflanzen kümmern.

Pflanzen im Container

Pflanzcontainer sind gut geeignet für den Bau kleiner Inseln im Teich sowie für Teiche ohne Bodengrund, aber auch für das Einpflanzen von nicht winterharten Pflanzen, die dann zum Überwintern im Herbst leicht aus dem Teich genommen werden können.
Bepflanzungsvorschläge finden Sie auf Seite 17.

Offene und geschlossene Pflanzcontainer

Im Handel werden meistens Gitterkörbe als Pflanzcontainer angeboten. Für Pflanzen, die zum Überwintern aus dem Teich genommen werden müssen, sind Gitterkörbe zu empfehlen, da sie nicht so schwer sind und das Wasser leicht ablaufen kann. Sie haben aber den Nachteil, daß Nährstoffe leicht ins Wasser gelangen. Kleiden Sie Gitterkörbe daher am besten mit einem Pflanzvlies aus, das in jedem Gartenfachgeschäft erhältlich ist.
Geschlossene Container erschweren zwar die Bodendurchlüftung, aber die meisten Teichpflanzen besitzen ein luftleitendes Gewebe (→ Seite 10), da auch an ihrem natürlichen Standort im Wurzelbereich Sauerstoffmangel herrscht.

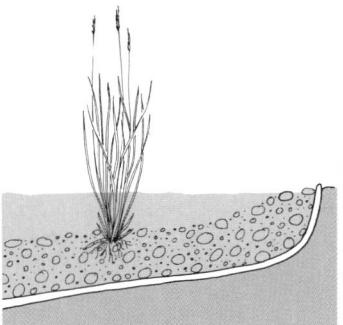

1 Anspruchslose Teichpflanzen ohne zusätzliches Substrat einsetzen.

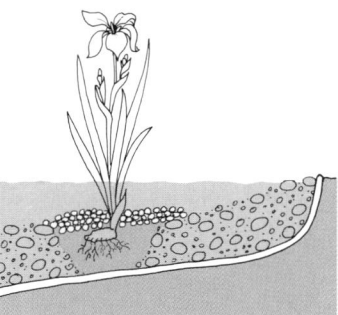

2 Anspruchsvollen Teichpflanzen nährstoffreiche Erde beifügen.

3 Gitterkörbe mit Pflanzvlies auskleiden.

4 Substrat mit einer Kiesschicht bedecken.

Die richtige Containergröße: Für die Anlage einer Pflanzeninsel sollte der Container einen Durchmesser von 80 bis 120 cm haben, für Einzelpflanzen reichen etwa 40 cm.

So werden Container bepflanzt
Zeichnung 3 und 4
• Gitterkörbe mit Pflanzvlies auskleiden, damit keine Erde ins Wasser gelangt.
• Korb mit nährstoffarmem Substrat auffüllen (Sand-Lehm-Kiesel-Gemisch) und bei anspruchsvollen Pflanzen zusätzlich Gartenerde an den Wurzelballen geben.
• Überstehendes Vlies abschneiden und den Rand nach innen umschlagen.
• Substratoberfläche mit einer Kiesschicht bedecken.

Einpflanzen von Teichpflanzen mit Rhizomen
Die Rhizome müssen immer waagerecht liegen, egal ob Sie die Pflanzen in den Bodengrund oder in einen Container setzen. Das Rhizom enthält Luft und muß daher mit Steinen beschwert werden, damit es nicht an die Wasseroberfläche treibt. Vor dem Einpflanzen sollten Sie die Wurzeln einkürzen.

5 Seerosenrhizome müssen waagerecht eingesetzt werden.

Seerosen einpflanzen
Zeichnung 5
Nicht winterharte Seerosen am besten in Pflanzcontainer setzen, da sie zum Überwintern aus dem Teich genommen werden. Winterharte Arten können in den Bodengrund gesetzt werden. Achten Sie auf die waagerechte Lage des Rhizoms! Fügen Sie den Seerosen auf jeden Fall etwas nährstoffreiche Erde, aber keine Düngemittel bei. Ausführliche Angaben zur Pflege der Seerosen → Seite 23.

Nachpflanzen
Zeichnung 6
Wenn Sie Unterwasserpflanzen nachpflanzen, gibt es einen kleinen Trick: Binden Sie die Pflanze fest mit Bindfaden an einen Stein und versenken Sie den »Pflanzstein« gezielt an dem vorgesehenen Standort. Auch Teichrosen können auf diese Weise nachgepflanzt werden. Versenken Sie die Pflanze aber vorsichtig mit einer Grabgabel, da Sie dann darauf achten können, daß das Rhizom waagerecht auf dem Bodengrund liegt. Zusätzliche Nährstoffversorgung ist in einem älteren Teich nicht nötig.

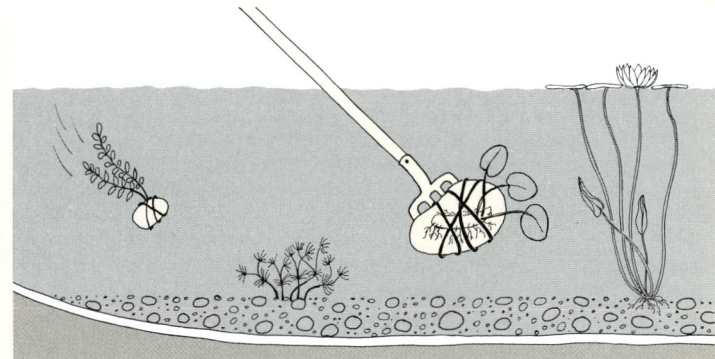

6 Nachpflanztrick: Unterwasserpflanzen und Teichrosen mit Bindfaden an einen Stein binden und im Teich versenken.

Damit's grünt und blüht im Gartenteich

Wenn Sie Ihren Gartenteich fachgerecht bepflanzt haben, ist die Pflege der Pflanzen nicht sehr aufwendig. Im Sommer können Sie Ihren Gartenteich in vollen Zügen genießen, denn die Pflege beschränkt sich auf wenige Handgriffe. Und auch das Vermehren von Teichpflanzen ist einfach, wenn man weiß, wie's geht.

Teichpflanzen können entweder in den Bodengrund, in Pflanzcontainern (zum Beispiel Gitterkörben), in Einhängekästen oder in Böschungsmatten in den Teich eingesetzt werden. In der Pflege ergeben sich kaum Unterschiede.

Düngen
Führen Sie dem Teich keine zusätzlichen Nährstoffe zu, verzichten Sie deshalb auf jede Art von Dünger im Teich, um die Vermehrung von Schwebalgen nicht zu fördern. Für die Ernährung Ihrer Teichpflanzen reichen die Nährstoffe aus, die sowieso im Wasser und im Bodengrund vorhanden sind.

Warum zuviele Nährstoffe schaden
Anders als in Blumenbeeten schadet eine große Nährstoffmenge im Gartenteich. Eine schlechte Wasserqualität und eine trübe Brühe ist die unvermeidliche Folge. Sumpfpflanzen gedeihen zwar weiterhin ganz gut, doch für Unterwasserpflanzen und für Wassertiere kann diese Wasser-

veränderung tödlich sein. Im Extremfall kommt es sogar zum »Umkippen« des Teiches: Durch eine überhöhte Nährstoffmenge wird das Algenwachstum zunächst stark gefördert. Das Wasser wird grün und trüb, Licht gelangt nur noch in den obersten Bereich. Durch Lichtmangel sterben Algen und Unterwasserpflanzen schließlich ab. Bei ihrer Zersetzung durch Bakterien und Pilze wird der Sauerstoff restlos verbraucht. Die Fäulnisbakterien vermehren sich, und der Teich riecht nach faulen Eiern.

Keine Düngung am Teichrand
Verzichten Sie auch am trockenen Teichrand auf Düngemittel, die sich schnell im Wasser lösen. Sie werden bei starkem Regen in den Teich gespült. Nährstoffbedürftige Arten am Teichrand kann man mit etwas Kompost düngen, der nur langsam Nährstoffe abgibt. Jedoch sparsam anwenden, damit keine Nährstoffquelle für den Teich entsteht.

Der Säuregrad des Teichwassers
Nicht ganz außer Acht lassen sollten Sie bei der Pflege von Teichpflanzen den Säuregrad (pH-Wert) des Wassers. In jedem natürlichen Gewässer ist eine bestimmte Menge von sauer und alkalisch reagierenden Substanzen gelöst. Enthält Wasser mehr Säuren als Laugen, ist es sauer und hat einen pH-Wert unter 7. Enthält es mehr Laugen als Säuren, ist es alkalisch und hat einen pH-Wert über 7. Wasser, in dem sich Säuren und Laugen im Gleichgewicht befinden, ist chemisch neutral, was einem pH-Wert von 7 entspricht.
Im Laufe einer natürlichen Entwicklung wird der pH-Wert Ihres Teiches abnehmen, das heißt, er wird leicht sauer (zwischen 6 und 6,9). Der Grund sind saurer Regen und vermehrtes Pflanzenwachstum. Diese geringe pH-Wert-Veränderung ist für die meisten Teichpflanzen aber ohne Bedeutung.

Pflanzen mit besonderen Ansprüchen
Es gibt Pflanzen, die einen pH-Wert über 8 bevorzugen. Fügen Sie in diesem Fall dem Wurzelballen etwas Kalk zu. Kalk neutralisiert die Säure. Den Pflanzen, die nur in sehr saurem Boden (pH-Wert unter 5) gedeihen, können Sie gut verrotteten Rindenmulch zum Wurzelballen geben.

Blick von der Terrasse.
Romantisch schön – im Hintergrund eine üppige, hochwüchsige Bepflanzung, im Vordergrund ein »Wäldchen« aus Tannenwedeln und ein begehbarer Teichrand mit Kieseln und großen Natursteinen.

Auslichten und Schneiden

Das Auslichten und Schneiden von wuchernden Teichpflanzen ist notwendig, da sie die freie Wasserfläche verkleinern und anderen Pflanzen Platz und Licht nehmen. Abgestorbene und faulende Pflanzenstengel müssen ebenfalls entfernt werden, weil sie die Wasserqualität verschlechtern.

Rhizomschnitt bei Pflanzen in Inselcontainern
Zeichnung 1

In den Teich wuchernde Rhizome sind hier gut sichtbar und können leicht abgeschnitten werden. Zum Schneiden eignet sich ein Baumschneider mit langem Stiel, mit dem Sie die Pflanzen vom Teichrand aus gut erreichen können. Er ist in jedem Gartenfachgeschäft erhältlich. Schneiden Sie alle Rhizome, die weiter als 30 cm aus dem Container herauswachsen ab. Die über den Containerrand wachsenden nur so weit, daß sie den Rand noch verbergen.

Röhrichtschnitt
Zeichnung 2

Verwenden Sie zum Schneiden dicker Stengel (Rohrkolben) ein scharfes Messer. Für Schilf- und Seggenbestände eignet sich auch eine Heckenschere. Schneiden Sie die Pflanzenstengel etwa 5 cm über der Wasseroberfläche ab. Nicht unter der Oberfläche schneiden, sonst fault die Pflanze.

Schneiden wuchernder Sumpfpflanzen im Bodengrund
Zeichnung 3

Wenn Sumpfpflanzen zu weit in die Teichmitte wachsen, sollten die Rhizome möglichst nahe am Sumpfzonenrand abgeschnitten werden. Können Sie im Bodengrund eingewachsene Rhizome nicht erreichen, schneiden Sie die Jungpflanzen, die zu weit in den Teich gewachsen sind, möglichst nahe am Rhizom unter Wasser ab.

Unterwasserpflanzen als Nährstoff-Fallen

Setzen Sie in Ihren Gartenteich genügend Unterwasserpflanzen ein. Sie wuchern und binden dadurch viele Nährstoffe. Wenn sie jedoch zu üppig wachsen, sollten Sie im Spätsommer etwa die Hälfte

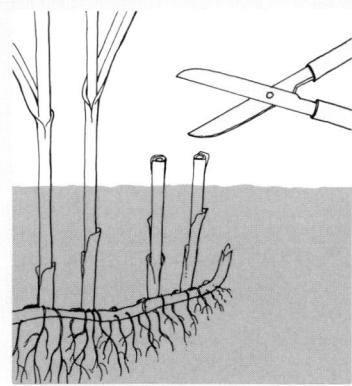

2 Röhrichtstengel etwa 5 cm über der Wasseroberfläche abschneiden.

des Bestandes entfernen. Dadurch verringern Sie den gesamten Nährstoffgehalt des Teiches. Benutzen Sie für diese Arbeit einen Rechen mit stumpfen Zinken. Die herausgenommenen Unterwasserpflanzen sollten dann etwa einen Tag auf einem Haufen dicht neben dem Teich liegen, um darin verborgenen Wassertieren Gelegenheit zu geben, in den Teich zurückzuwandern.

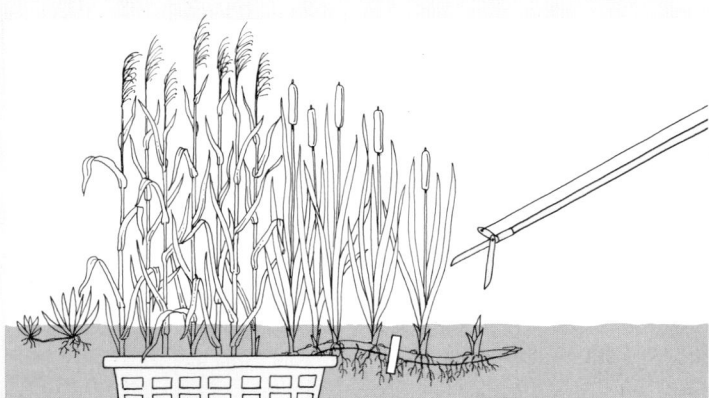

1 Zu weit in den Teich wuchernde Rhizome müssen abgeschnitten werden. Bei Inselcontainern Baumschneider verwenden.

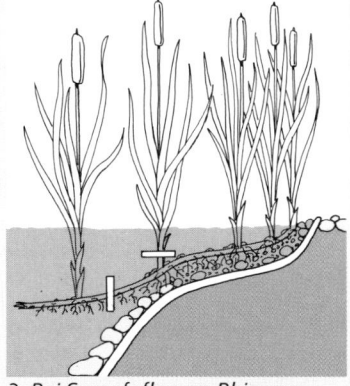

3 Bei Sumpfpflanzen Rhizome oder Jungpflanzen abschneiden.

Seerosenpflege

Seerosen haben je nach Sorte unterschiedliche Pflegeansprüche. Die in unseren Breiten heimische Weiße Seerose (*Nymphaea alba*) ist sehr robust und pflegeleicht, während tropische Arten und einige Züchtungen sehr empfindlich sind und nur bei optimalen Lebensbedingungen gedeihen (→ Pflanzenporträts, Seite 54).

Rhizompflege
Zeichnung 4 und 5
Bevor Sie das Rhizom einpflanzen, sollten alle fauligen Stellen entfernt werden. Am Ende wird das Rhizom immer angefault sein, was Sie am Geruch und dem weichen, schwammigen Gewebe leicht erkennen. Kürzen Sie das Rhizom mit einem scharfen Messer so weit ein, daß auch alle abgefaulten Wurzeln entfernt sind. Faulige Stellen am vorderen Rhizomteil sollten ebenfalls gründlich herausgeschnitten werden. Für kleine Stellen ist ein Okuliermesser gut geeignet. Um die Wunden vor Fäulnis zu schützen, sollte mit einem Pinsel Aktivkohle oder Holzkohlestaub auf die angeschnittenen Stellen aufgetragen werden.

Hochstehende Blätter abschneiden
Zeichnung 6
Bei zu dichter Bepflanzung, starker Beschattung oder zu geringer Wassertiefe schieben die Seerosen ihre Blätter übereinander und entwickeln nur wenig Blüten. Bei zu starker Beschattung oder zu geringer Wassertiefe sollten Sie die Pflanzen herausnehmen und an einem günstigeren Standort einsetzen. Bei zu dichter Bepflanzung können Sie entweder einzelne Pflanzen herausnehmen oder von den kräftigen Pflanzen einige Blätter abschneiden. Um das Rhizom nicht zu verletzen, sollten Sie die Seerosenblätter nicht abreißen,

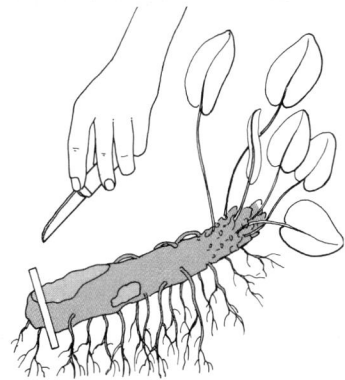

4 Vor dem Einpflanzen alle fauligen Stellen entfernen.

5 Auf Schnittstellen Aktivkohle oder Holzkohlestaub pinseln.

sondern die Blattstiele mit einer scharfen Schere oder mit einem Baumschneider im Wasser dicht über dem Rhizom abschneiden.

Rhizomteilung
Auch bei günstigem Standort und ausreichend Platz können die Blätter übereinander wachsen und aufstehen. Dann empfiehlt es sich, die Pflanzen zu verjüngen. Diese Arbeit sollte im Herbst oder Frühjahr vorgenommen werden. Nehmen Sie dazu die ganze Pflanze aus dem Teich und trennen Sie die Tochterpflanzen an

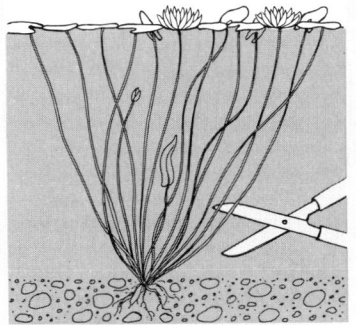

6 Blattstiele der Seerosen über dem Rhizom abschneiden.

den Rhizomverzweigungen ab (→ Zeichnung 2, Praxis Vermehren, Seite 30). Das Rhizom der kräftigsten Pflanze können Sie dann zum Einpflanzen vorbereiten, wie in Zeichnung 4 und 5 dargestellt. Oft sind mehrere Seerosenpflanzen entstanden, da die Verbindungen der Verzweigungen abgefault sind. Nehmen Sie in diesem Fall die schwächeren heraus und lassen Sie nur die kräftigste im Teich.

Substratwechsel
Wenn die Seerosen trotz günstigem Standort und ausreichend Platz immer kleiner werden, leiden sie wahrscheinlich an Nährstoffmangel. In diesem Fall sollten Sie das Pflanzsubstrat auswechseln. Bei Pflanzen, die im Bodengrund wachsen, tritt ein Mangel selten auf, da normalerweise genug Nährstoffe zur Verfügung stehen. Pflanzen in Containern leiden dagegen häufiger an Nährstoffmangel. Heben Sie den Pflanzcontainer im Herbst oder Frühjahr aus dem Teich und nehmen Sie die Pflanze vorsichtig heraus. Füllen Sie dann neues Substrat in den Container (→ Praxis Einpflanzen, Seite 19).

Auslichten und Schneiden der Pflanzen

Das Auslichten und Schneiden ist nicht nur eine Pflegemaßnahme für die Teichpflanzen, sondern es verringert auch den Nährstoffgehalt des Teichwassers. Im Pflanzenmaterial sind viele Nährstoffe gebunden, die mit der Zersetzung abgestorbener Pflanzenteile wieder ins Wasser gelangen würden. Auslichten beziehungsweise Schneiden sollten Sie, wenn

- wuchskräftige Arten kleinere, lichtbedürftige Pflanzen überwachsen.
- Sie im Teich ausläuferbildende Arten wie Rohrkolben haben. Schneiden Sie die in die Teichmitte wachsenden Ausläufer ab, denn sie verkleinern bei kleineren Teichen die offene Wasserfläche sehr schnell.
- Schwimmpflanzen so wuchern, daß sie große Teile der Teichoberfläche bedecken. Fischen Sie die Pflanzen ab, sonst leiden Unterwasserpflanzen an Lichtmangel.

Beim Schneiden beachten
- Wenn Sie Sumpfpflanzen auslichten, sollten Sie sie über dem Wasserspiegel schneiden, um Fäulnis zu vermeiden. Schneidet man sie unter der Wasseroberfläche ab, so dringt Wasser in die luftgefüllten Stengel, und die Sauerstoffversorgung der Rhizome und Wurzeln leidet. Die Pflanze fault.
- Das Zurückschneiden sollte so erfolgen, daß die Beschattung kleiner Arten, die im allgemeinen auch die lichtbedürftigsten sind, verringert wird.
- Pflanzen, die kein sehr üppiges Wachstum zeigen, sollten Sie möglichst wenig schneiden, da sie sonst von schnell nachwachsenden Konkurrenten überwuchert werden.

Pflege im Herbst

Im Herbst treibt der Wind Laub, Zapfen und Früchte in den Gartenteich. Sie führen dem Teich Nährstoffe zu, die besonders in kleineren Teichen die Wasserqualität rasch verschlechtern. Aus dem gleichen Grund sollten Sie welkes und abgestorbenes Blattwerk der Teichpflanzen mit einem Kescher herausfischen.

Früchte, Zapfen und Fallaub entfernen
Früchte verschlechtern durch Fäulnis und Gärungsprozesse in hohem Maße die Wasserqualität. Zapfen von Nadelgehölzen setzen Harze und Gerbstoffe frei, die dem Wasserleben schaden. Toleranter können Sie bei geringen Mengen Fallaub sein; es wird abgebaut und dient später als natürlicher Dünger der Wasserpflanzen. Größere Mengen Fallaub muß man im Herbst unbedingt mit einem Kescher von der Wasseroberfläche abfischen.
Wenn Früchte, Zapfen oder Laub bereits auf den Teichgrund abgesunken sind, verwenden Sie beim Säubern des Teichgrundes am besten einen Kescher und keinen Rechen, der sehr leicht Wasserpflanzen und vor allem die Teichfolie verletzt.

Überwinterungsquartiere für Kleintiere
Im Herbst sterben die meisten Teichpflanzen oberirdisch ab. Wenn Sie Röhricht rund um den Teich gepflanzt haben, ragen viele tote, hohle Stengel aus dem Wasser. Sie sollten jetzt der Versuchung widerstehen, alle hohlen Stengel abzuschneiden. Denn in den Stengeln überwintern viele Kleintiere. Außerdem dienen sie der Sauerstoffversorgung der Rhizome, wenn der Teich im Winter mit einer dicken Eisschicht bedeckt ist. Wenn Sie die abgestorbenen Halme trotzdem schneiden wollen, dann warten Sie bitte bis zum Frühjahr. Etwa Mitte März verlassen die überwinternden Kleintiere nach ein paar warmen Tagen die Stengel. Auch jetzt sollten Sie aber nur die über das Wasser ragenden Teile schneiden, um die Sauerstoffversorgung der Rhizome nicht zu gefährden. Achten Sie beim Schneiden auch auf die vielen Sumpfpflanzen, die jetzt noch recht unscheinbar sind und unabsichtlich zerstört werden könnten.

Überwintern der Teichpflanzen

Wie Ihre Teichpflanzen am besten den Winter durchstehen, hängt davon ab, ob sie winterhart sind oder nicht.

Winterharte Teichpflanzen
Sie überwintern am besten im Teich. Auf diese Weise erleiden ihre Wurzeln keinen Schaden, der beim Herausnehmen von größeren Pflanzen fast unvermeidlich ist. Viele Teichpflanzen ziehen im Herbst ein, das heißt, sie verlagern Nährstoffe aus den Blättern in überwinternde Teile wie Wurzeln und Rhizome. Die Blätter sterben dann ab. Manche Arten überwintern nur in Form von kleinen Überwinterungsknospen (→ Seite 11) und sind in diesem Zustand kaum sichtbar. In allen diesen Fällen müssen Sie sich keine Gedanken um das Überwintern der Pflanzen machen, sie sorgen bestens für sich selbst.

Nicht winterharte Teichpflanzen
Nicht winterharte Pflanzen wie manche Seerosenarten (→ Pflanzenporträts, Seite 54) pflanzen Sie am besten nur in Pflanzcontainern (→ Praxis Einpflanzen, Seite 19) in Ihren Gartenteich. So vermeiden Sie beim Herausnehmen im Herbst große Schäden an den Wurzeln und auch an anderen Teichpflanzen. Die

Pflanzen sollten im Container an einem kühlen, aber frostsicheren Ort, zum Beispiel am Kellerfenster oder im Wintergarten, überwintern. Der Container muß zudem in einem größeren Behälter unter Wasser stehen. Bei weniger empfindlichen Arten können Sie ihn auch mit einer dicken Laubschicht bedeckt im Freien stehen lassen. Gießen müssen Sie den Pflanzcontainer dann nur bei längeren Trockenzeiten, um ihn immer feucht zu halten.

Tropische Seerosen werden in einem geheizten Becken mit einer Mindesttemperatur von 20 °C überwintert und dürfen nicht vor Ende Mai in den Teich zurück.

Nachpflanzen

Ein gewisser Grundstock an Pflanzen (→ Bepflanzungsvorschlag, Seite 16) gibt durch die Jahre hindurch dem Gartenteich sein Gesicht. Die fortlaufende Entwicklung des Teiches sorgt besonders in den ersten Jahren für unterschiedlichste Wachstumsbedingungen. Beim Nachpflanzen können Sie deshalb ruhig auch wieder Arten ausprobieren, die in den ersten Jahren nicht gedeihen wollten. Es ist durchaus möglich, daß sie sich mit einem Male doch in Ihrem Teich wohlfühlen. Wenn Sie neue Pflanzenarten in einen bereits eingewachsenen Teich einbringen wollen, so genügt es, die benachbarten Pflanzen lediglich etwas auszulichten, um den neuen Licht und die Chance zum Anwachsen zu geben.

Bei größerem Fischbesatz sollten Sie häufiger Unterwasserpflanzen nachpflanzen. Manche Fischarten bevorzugen besonders die weicheren Unterwasserpflanzen als Nahrung.

Einmalige Blütenpracht: Blaue Schwertlilien.

Teichwasser auswechseln

Im gut »funktionierenden« Gartenteich herrscht ein biologisches Gleichgewicht, das durch Eingriffe wie Wasserwechsel nicht gestört werden sollte.

Es gibt aber Ausnahmen, die es notwendig machen, das Wasser auszutauschen:

• Wenn die Wasseroberfläche mit einer öligen Schicht bedeckt ist und viele Teichtiere sterben, weil Regenwasser über das Hausdach in den Teich geleitet wurde. Versauerung des Wassers und Anreicherung von Chemikalien ist die Folge.

• Wenn ein Betonteich vor der Bepflanzung nicht ausreichend gewässert wurde und giftige Stoffe, die sich aus dem Beton lösen, zum Tiersterben führen.

Wichtig: Auf jeden Fall sollten Sie dabei schonend vorgehen und nur etwa die Hälfte des Wassers abpumpen, um frisches nachzufüllen.

Hinweis: Ist der Wasserspiegel – vor allem bei kleinen Teichen – während längerer Trockenzeiten stark gesunken, sollten Sie Wasser nachfüllen (langsam einfließen lassen!).

Wasserfilter und Belüfter

Bei fachgerecht angelegten Gartenteichen, in denen keine oder nur wenige Fische leben, sind Filter und Wasserbelüfter nicht notwendig. Sind sie vorhanden, weil Sie eine größere Anzahl an Fischen in Ihrem Teich halten, achten Sie bitte darauf, daß die Wasserbewegung durch die Filteranlage und den Belüfter nicht zu stark ist. Wellenschlag durch plätscherndes Wasser stört die Teichpflanzen, deren natürlicher Lebensraum stehende Gewässer sind. Schwimmblattpflanzen wie See- und Teichrosen oder das Schwimmende Laichkraut geraten dadurch in Bedrängnis. Im Filter keine chemischen Zusätze verwenden!

Wiedereinschalten des Filters: Wird eine Filteranlage nach längerem Abschalten wieder eingeschaltet, so sollten Sie den ersten Wasserschwall aus dem Teich hinausleiten. Denn im abgeschalteten Filter befinden sich größere Mengen organischer Substanz, die von Bakterien und Pilzen zersetzt wird. Diese Fäulnisstoffe würden beim Wiedereinschalten des Filters in den Teich gepumpt werden und die Wasserqualität verschlechtern.

Abschaffen des Filters: Wollen Sie eine Filteranlage ganz abschaffen, so dauert die Umstellung einige Zeit, in der der Teich nicht so klar ist. Durch den gezielten Einsatz von Unterwasserpflanzen, die über ihre Blätter sehr erfolgreich die im Wasser gelösten Nährstoffe aufnehmen, können Sie die Klärung beschleunigen.

Pflanzenschutz

Pflanzenschutz am und im Gartenteich geschieht im wesentlichen durch vorbeugende Maßnahmen. Die wichtigste ist die Wahl des richtigen Standorts für die Pflanzen (→ Pflanzenporträts, Seite 34 bis 59). Im Teich dürfen chemische Pflanzenschutzmittel auf keinen Fall verwendet werden, da sie die Wasserqualität erheblich verschlechtern und für Teichtiere giftig sind. Verwenden Sie auch keine biologischen Pflanzenbrühen oder Seifenlaugen. Sie können im Wasser Ihres Gartenteiches großen Schaden anrichten und die Lebensgemeinschaft von Pflanzen und Tieren empfindlich stören.

Am trockenen Teichrand können in Ausnahmefällen biologische Mittel wie Brühen oder Schmierseife eingesetzt werden. Sprühen Sie diese Mittel nicht in Richtung des Wassers, damit nichts davon in Ihren Teich gelangt. Verzichten Sie ganz auf die Verwendung von chemischen Mitteln. Sie sind auch nach ihrem »Abbau« in anderer Form im Boden

vorhanden und können für das Teich- und Bodenleben schädlich sein.

Krankheiten und Schädlinge

Teichpflanzen werden nur selten von Krankheiten und Schädlingen befallen, wenn sie am richtigen Standort gepflanzt sind.

Mehltau

Häufiger zu beobachten ist der sogenannte Echte Mehltau. Er befällt besonders Stauden am Teichrand wie zum Beispiel Mädesüß (→ Pflanzenporträts, Seite 42). Befallen werden hauptsächlich Pflanzen, die zu trocken stehen. Auch die Nähe von anderen mehltauanfälligen Gartenpflanzen wie Rosen kann eine Infektion verursachen. Bei hartnäckiger Infektion mit dieser Pilzkrankheit hilft nur die Beseitigung der befallenen Pflanze, bevor sie andere ansteckt.

Iris-Rost

Eine weitere Pilzkrankheit, die bei Iris-Arten ab und zu vorkommt, ist der Iris-Rost (Puccinia iridae). Dieser Pilz bildet gelb-orangene Flecken auf den Blättern der Iris. Befallen werden hauptsächlich nässeliebende Arten, die zu trocken stehen. Am besten vernichtet man die befallenen Pflanzen und setzt dafür neue am richtigen Standort ein.

Seerosenzünsler

Der Seerosenzünsler (Nymphula nymphaeata) ist ein Wasserschmetterling, der als Teichgast nicht so gern gesehen ist, da seine gefräßigen Raupen mitunter einigen Schaden an Seerosen anrichten können. Sie trennen schildförmige Stückchen vom Blattrand ab und bauen sich daraus einen Köcher, in dessen Schutz sie bis zur Verpuppung leben (→ Zeichnung, Seite 28). Ihre Fraßspuren an den Schwimm-

Iris kaempferi. Farben und Struktur der Blütenblätter sind einmalig schön.

blättern der Seerosen sind deutlich sichtbar. Gesunde Seerosen verkraften diese »Mitesser«. Falls sie überhandnehmen, sammeln Sie die Raupenbehausungen einfach per Hand ab oder entfernen die zerfressenen Blätter. Bitte benutzen Sie keine Schädlingsbekämpfungsmittel, da sie giftig sind und dem Teich sehr schaden könnten.

Seerosenblattkäfer

Ein weiterer Schädling, der Seerosen befallen kann, ist der Seerosenblattkäfer (*Galerucella nymphaeae*). Der Käfer ist dunkelbraun und 1 bis 2 cm groß. Er lebt am Ufer auf verschiedenen Teichpflanzen, aber seine Eier legt er nur auf Seerosenblättern ab. Seine Larve frißt Gänge in die Blätter der Seerosen. Schaden richtet er nur selten an. Er tritt vor allem in größeren Seerosenbeständen auf. Im Gartenteich können Sie den Käfer und die Larven einfach absammeln.

Schnecken

Altbekannte Schädlinge sind die Gartenschnecken, die sogar manchmal bis in die Sumpfzone vordringen. Von dort können Sie aber ferngehalten werden, wenn die Sumpfzone ständig feucht bleibt. Am Teichrand richten sie kaum Schaden an. Wenn sie überhandnehmen, sammeln Sie die Schnecken per Hand ab. Verwenden Sie keine giftigen Schneckenbekämpfungsmittel, da sie ins Teichwasser gelangen könnten.

PRAXIS
Pannenhilfe

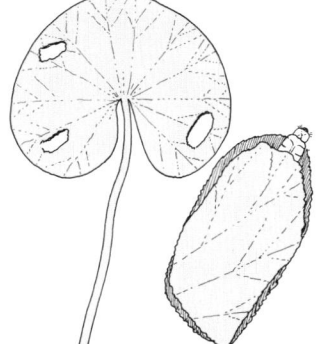

Raupe des Seerosenzünslers.

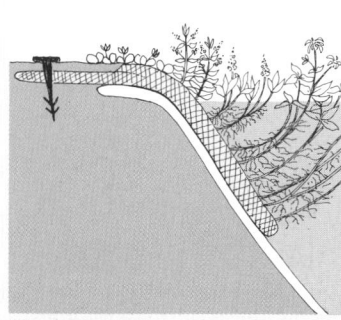

Böschungsmatte.

Symptome	Ursachen
Wasserspiegel sinkt ungewöhnlich.	Wurzeln sind vom Teichrand in den Teich gewachsen, und ziehen Wasser ab.
	Sumpfzone und Teichrand sind nicht getrennt.
	Loch in der Folie (Stein durchgedrückt oder seltener: Folie von Eisdecke aufgescheuert).
Sumpfpflanzen gehen ein.	Krankheiten, Schädlingsbefall, Schneckenfra
	Sumpfzone ist zeitweise ausgetrocknet.
Seerosenblätter schwimmen nicht, sondern stehen unschön hoch.	Zu geringe Pflanztiefe.
	Zu nährstoffreicher Bodengrund.
	Zu starke Beschattung.
	Zu kleiner Teich.
Löcher in Seerosenblättern.	Seerosenzünsler (→ Zeichnung links oben).
Im Frühjahr liegen tote Tiere (Fische, Frösche, Molche) im Teich.	Teich zu flach und durchgefroren.
	Während der Wintermonate zu schlechte Sauerstoffversorgung für Tiere.
Teichtiere werden von Katzen gefressen.	Zu wenig Deckung und Rückzugs- möglichkeiten für Teichtiere.
	Falsche Randgestaltung.
Das Wasser ist trüb, grün oder riecht faulig.	Zu fetter Bodengrund, Fischfutter oder organisches Material im Teich verursachen Nährstoffüberangebot, was zu starker Algenvermehrung führt.
Amphibien laichen ab, aber es gehen keine Jungtiere an Land.	Geeignete Pflanzen für Laichablage fehlen.
	Fische fressen Laich und Larven.
Größere, unschöne Pflanzbehälter sind sichtbar.	Pflanzenarten im Container sind nicht richtig ausgewählt: Nur hochgewachsene oder wuchsschwache Pflanzen.
Bodengrund rutscht ab. Es können keine Pflanzen angebracht werden.	Ufer ist zu steil.

ırzeln entfernen (achten Sie auf Baumwurzeln!).

chrandgestaltung ändern: Folie senkrecht zum Teichrand enden lassen (→ Praxis Pflanz-
en, Seite 9).

t sichtbares Loch am Teichrand: Folie hochziehen, gründlich reinigen und mit Folien-
ber ein Stück Folienrest aufkleben.
ıwer erkennbare und unerreichbare Löcher erfordern oft Neuanlage des Teiches.

optimale Wachstumsbedingungen sorgen (→ Pflanzenporträts, Seite 34 bis 59).
e ständig feuchte Sumpfzone hält Gartenschnecken fern.

chrand umgestalten (→ Praxis Planzhilfen, Seite 9) oder Pflanzenarten verwenden, die
ch trockenheitsverträglich sind.

erosen tiefer setzen.

hrstoffe eindämmen (→ Seite 20 bis 26).

genügend Licht sorgen (→ Praxis Pflege, Seite 23).

oße Seerosenstöcke durch Rhizomteilung verkleinern (→ Praxis Pflege, Seite 23).

upenbehausungen per Hand absammeln und zerfressene Seerosenblätter entfernen.

Froschinsel.

rchfrieren nur mit ausreichender Wassertiefe vermeidbar. Steile Ufer ermöglichen
ıreichende Tiefe (→ Die Tiefwasserzone, Seite 7).

hrstoffe eindämmen (→ Seite 20 bis 26). Nährstoffarmer Teich verhindert Sauerstoff-
ıngel. Eventuell Fischbesatz verringern oder Fische im Kelleraquarium überwintern.
nügend Unterwasserpflanzen einsetzen. Sie produzieren Sauerstoff bis weit in den
rbst und sogar noch unter einer dünnen Eisschicht.

:hte Bestände von Unterwasserpflanzen bieten Fischen Versteckmöglichkeiten.
tzensicherer Platz für Frösche durch Inselcontainer (→ Zeichnung rechts oben).

chrand zumindest auf einer Seite zuwachsen lassen als Deckung vor Katzen, Hunden
d Vögeln. Eine breite Sumpfzone bietet nur unbequemen und feuchten Sitzplatz für
tzen zum »Angeln«.

Herbst Pflanzenmaterial gezielt entnehmen, um Nährstoffe zu verringern. Unterwasser-
anzen einbringen zur Eindämmung der Algen. Abfischen des Herbstlaubes. Fischbesatz
ring halten, damit nicht zusätzlich gefüttert werden muß.

terwasserpflanzen und Röhricht einsetzen (→ Zeichnung rechts unten).

rker Bewuchs unter Wasser schafft Deckung für Larven. Fische erst in den eingewach-
en Teich einsetzen (Moderlieschen und Bitterling fressen weniger Laich).

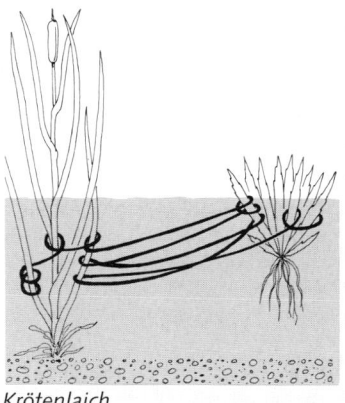

Krötenlaich.

ı Rand des Pflanzcontainers »flutende« und weit ins Wasser wachsende Arten pflanzen.
ch freischwimmende Pflanzen verbergen den Containerrand, zum Beispiel Krebsschere
Seite 56).

schungsmatten mit Pflanztaschen anbringen (→ Zeichnung links unten). Legestein-
ıuer errichten (→ Praxis Pflanzhilfen, Seite 8).

PRAXIS
Vermehren

Eine ganze Reihe von Teichpflanzen läßt sich ohne größere Probleme vermehren. In den meisten Fällen ist es am einfachsten, das Rhizom oder den Wurzelstock zu teilen. Gedeiht eine Pflanze aber nicht sehr üppig oder erscheint eine Teilung zu aufwendig, können Sie die Pflanze vielleicht auch durch Samen vermehren, je nachdem, ob sie sich dafür eignet (→ Pflanzenporträts, Seite 34 bis 59). Manche Pflanzen bilden auch Ausläufer, an denen sich Tochterpflanzen entwickeln.

Vermehren durch Ausläufer
Zeichnung 1
Zum Vermehren trennen Sie die im Wasser flutenden Ausläufer (zum Beispiel der Krebsschere) mit einem scharfen Messer oder einer Gartenschere ab. Schneiden Sie aber nur die Ausläufer ab, die bereits eigene Wurzeln gebildet haben.

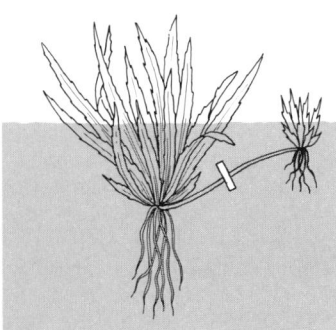

1 Bewurzelten Ausläufer von Mutterpflanze abtrennen.

Rhizomteilung
Zeichnung 2
Nehmen Sie im Herbst oder Frühjahr die Pflanze, beispielsweise eine Seerose, zur Rhizomteilung aus dem Teich. Dabei sollten Sie sehr vorsichtig sein, um das Rhizom nicht zu verletzen und möglichst viele Wurzeln zu erhalten. Sie können die Pflanze nur teilen, wenn sich am Rhizom Seitenverzweigungen (Tochterpflanzen) gebildet haben, die über eigene Wurzeln verfügen.
Trennen Sie das Tochterrhizom mit einem scharfen Messer so ab, daß die Schnittfläche möglichst klein ist und an der Mutterpflanze kein Stumpf übrigbleibt, der abfaulen würde. Die Wundflächen sollten Sie mit Aktivkohle oder Holzkohlestaub bestreichen, um die Ansiedlung von Fäulniserregern zu verhindern.
Sehr robuste Pflanzen mit verzweigten Rhizomen (zum Beispiel Schilf) lassen sich zur Teilung nicht ganz aus dem Teich nehmen. Legen Sie in diesem Fall nur ein Rhizomende frei und schneiden Sie es mit einer Gartenschere so ab, daß möglichst viele Wurzeln daran sind. Die Schnittstelle decken Sie wieder mit Bodengrund zu. Die neu gewonnene Jungpflanze können Sie jetzt an der gewünschten Stelle einsetzen (→ Praxis Einpflanzen, Seite 19).

Wurzelstockteilung
Zeichnung 3
Teichpflanzen mit einem kräftig ausgebildeten Wurzelstock (zum Beispiel Sauergrasarten und Sumpfdotterblume) können Sie durch Wurzelstockteilung vermehren. Nehmen Sie dazu die Pflanze im Herbst oder Frühjahr aus dem Teich und schneiden Sie mit einem langen und scharfen Messer den Wurzelstock in zwei gleich große Teile. Bei Sauergräsern ist der Wurzelstock oft so kräftig ausgebildet, daß es sich empfiehlt, ihn einfach mit

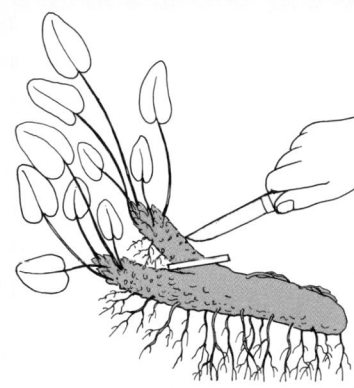

2 Mit einem scharfen Messer das Rhizom teilen.

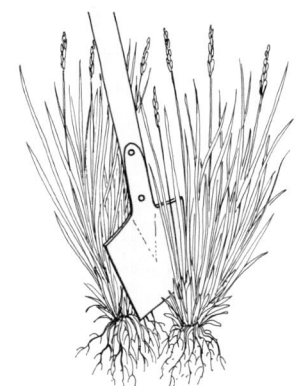

3 Kräftige Wurzelstöcke, zum Beispiel von Sauergräsern, mit einem Spaten auseinanderstechen.

einem Spaten auseinanderzustechen. Die Nährstoffversorgung der oberirdischen Pflanzenteile wird durch die Wurzelverletzung etwas eingeschränkt. Schneiden Sie deshalb die äußeren sowie alle abgeknickten und verletzten Blätter der Pflanze ab.

Vermehren durch Samen

Die Vermehrung durch Samen ist zwar zeitaufwendig, doch bei manchen Pflanzen lohnt sich dieser Aufwand (→ Pflanzenporträts, Seite 34 bis 59). Vermehren Sie auf diese Art aber nur die Pflanzen, deren Samen gut zu ernten sind, die problemlos keimen und anwachsen, wie etwa Schwertlilien-Arten (nur reine Arten, keine Hybriden verwenden).

Samenvermehrung von Schwertlilien

Bei der Vermehrung von *Iris sibirica* und *Iris pseudacorus* lohnt sich die Samenaussaat, da Sie bei richtiger Pflege sehr viele und gut zu vereinzelnde Pflänzchen erhalten. Wie viele andere heimische Sumpfpflanzen ist die *Iris* ein Kältekeimer und braucht zum Auskeimen niedrige Temperaturen.

Samenernte
Zeichnung 4
Nehmen Sie die Samenkapseln erst ab, wenn sie trocken und braun sind. Brechen Sie die Samenkapseln einfach mit den Fingern auseinander und schütteln Sie die Samen heraus. Sie sollten dann kühl und trocken aufbewahrt werden.

Samen vorbereiten und aussäen
Zeichnung 5
Etwa Mitte Januar sollten Sie die Samen auf die Aussaat vorbereiten: Streuen Sie sie in ein flaches Schälchen, dessen Boden mit feuchtem Löschpapier ausgelegt ist, und stellen Sie das Schälchen in den Kühlschrank. Halten Sie das Löschpapier immer leicht feucht. Nach gut 2 Wochen können Sie das Schälchen wieder aus dem Kühlschrank holen und die Samen und das Papier herausnehmen. Füllen Sie jetzt lockere Pflanzerde ins Schälchen. Verteilen Sie die Samen darauf und bedecken

4 Kapsel aufbrechen und Samen herausschütteln.

Sie diese ganz dünn mit Pflanzerde. Feuchten Sie die Erde gut an, ohne daß sie von Wasser überstaut ist. Stellen Sie das Schälchen bei Zimmertemperatur an ein Fenster und achten Sie darauf, daß die Erde immer gut feucht ist. Nach etwa 2 Wochen erscheinen die kleinen *Iris*-Pflänzchen, die auf den ersten Blick wie Gras aussehen.

Pikieren
Zeichnung 6
Wenn der kleine »Rasen« etwa 5 cm hoch ist, sollten Sie die Pflänzchen in Töpfe vereinzeln. Drehen Sie dazu das Schälchen auf den

5 Samen von Kältekeimern vor der Aussaat in den Kühlschrank stellen.

Kopf und nehmen Sie die aus Wurzeln bestehende verfilzte »Matte« vorsichtig heraus. Zerteilen Sie die Matte mit den Fingern, wobei Sie möglichst wenig Wurzeln verletzen sollten. Zupfen Sie die Pflänzchen auseinander und setzen Sie immer 3 bis 4 in einen Topf mit lockerer, nährstoffreicher Erde. Damit die Pflänzchen optimal gedeihen, sollten sie an einem sonnigen Fenster stehen. Achten Sie darauf, daß die Erde nie austrocknet. Wenn die Pflanzen dann etwa 20 cm hoch sind, können Sie sie ab April in die Sumpfzone einsetzen (→ Pflanzenporträts, Seite 44).

6 Sind die Pflänzchen etwa 5 cm hoch, vorsichtig auseinanderzupfen und jeweils 3 bis 4 in einen Topf setzen.

Der Natur abgeschaut.
In der Natur leider kaum noch zu finden: solche prachtvollen Bestände von Schwertlilien (Iris pseudacorus) und Seerosen (Nymphaea alba). Beide Arten stehen deshalb unter strengem Naturschutz. Schwertlilien und Seerosen zählen zu den beliebtesten Teichpflanzen. Die Vielfalt der im Handel angebotenen Zuchtformen ist überwältigend. In einen Naturteich sollten nur die heimischen Arten eingesetzt werden. In einen Zierteich passen alle Züchtungen.

Schlüpfende Vierfleck-Libellen (Libellula quadrimaculata). Eine mit Schilf und Rohrkolben bewachsene Sumpfzone muß vorhanden sein, damit die Larven kurz vor dem Schlüpfen aus dem Wasser steigen können.

33

Die schönsten Pflanzen für den Gartenteich

Verführerisch schön und reichhaltig ist das Angebot an Teichpflanzen. Um Ihnen zu helfen, die richtigen Pflanzen für Ihren Teich zu finden, stellen wir Ihnen auf den nächsten Seiten eine Auswahl der schönsten und wichtigsten Pflanzen vor.

Tips für Natur- und Zierteich

Die Auswahl der Teichpflanzen richtet sich zuerst nach dem jeweiligen Teichmodell, für das Sie sich entschieden haben: Ein Naturteich soll Lebensgrundlagen für viele heimische Pflanzen- und Tierarten schaffen. In ihn gehören nur einheimische Pflanzen, die im Fachhandel zu kaufen sind.
In einen Zierteich können Sie alle Pflanzenarten aus dem Fachhandel (auch Zuchtformen) einsetzen.

Erläuterung der Stichwörter

Auf den folgenden Seiten finden Sie detaillierte Pflegeanleitungen mit Informationen über:
Name: Zuerst wird der botanische Name genannt, dann der deutsche.
Natürliches Vorkommen: Bietet eine Orientierungshilfe für den artgerechten Standort im Gartenteich.
Blüte: Angaben über Blütezeit, Farbe und Aussehen der Blüte.
Wuchs: Lebensdauer der Pflanze (ein- oder mehrjährig), Aussehen, Wuchshöhe im Gartenteich.
Standort: Sie erfahren die richtige Teichzone, die Wassertiefe und die

optimalen Lichtverhältnisse für die Pflanze. Außerdem, ob sie auch für den Bachlauf geeignet ist.
Einpflanzen: Angabe der Pflanzdichte (Stückzahl pro m²), dazu Substrat und Pflanztips.
Ausgegangen wird von einem gepflegten Teich, in dem sich nährstoffarmer und fast neutraler (pH-Wert um 7) Bodengrund oder Pflanzsubstrat befinden (→ Seite 20). Falls die Pflanze besondere Ansprüche an den Nährstoffgehalt oder den Säuregrad stellt, erfahren Sie in den Pflanzenporträts, was zu tun ist.
Hinweis: Nährstoffgehalt und Säuregrad können Sie prüfen:
• Wuchernde Unterwasserpflanzen und Algen sind ein Zeichen dafür, daß der Nährstoffgehalt im Teichwasser zu hoch ist. Wuchernde Sumpfpflanzen zeigen zu hohen Nährstoffgehalt im Bodengrund an. In diesen Fällen können Sie mit Hilfe von gezielten Pflegemaßnahmen (→ Seite 20 bis 26) eine Nährstoffverringerung erreichen.
• Tauchen Sie ein pH-Indikator-Papier in ein Glas Teichwasser (Teichwasser und Bodengrund besitzen

etwa denselben Säuregrad). Lesen Sie den pH-Wert auf der Farbskala ab. In der Regel wird er fast neutral (um 7) sein.
Bei stark abweichendem pH-Wert ist Abhilfe nötig für die Pflanzen, die neutralen Boden bevorzugen (das sind auf den folgenden Seiten alle Pflanzen, bei denen keine besonderen Ansprüche genannt sind), das heißt: Liegt der pH-Wert unter 5, fügen Sie den Wurzeln eine Handvoll Kalk (keinen Ätzkalk) bei. Liegt der pH-Wert über 8, fügen Sie den Wurzeln eine Handvoll gut verrotteten Rindenmulch bei. Sie können auch Teicherde mit unterschiedlichem pH-Wert im Fachhandel kaufen.
Pflege: Wichtige Pflegemaßnahmen und ob die Pflanze winterhart ist.
Vermehren: Genannt wird die erfolgreichste Vermehrungsart.
Besonderheit: Spezielles oder Interessantes über die Pflanze.
Mein Tip: Ratschläge und Tips aus persönlicher Erfahrung der Autorin. Angegeben wird auch, ob die Pflanze am Schattenteich gedeiht.
Achtung: Unter diesem Stichwort ist angegeben, ob die Pflanze giftig ist oder hautreizende Stoffe enthält.

Bedeutung der Symbole

 Die Pflanze gedeiht an einem sonnigen Standort.

 Die Pflanze möchte einen halbschattigen Platz.

 Die Pflanze verträgt oder mag Schatten.

 Unter Naturschutz stehende Pflanzen. Alle genannten Pflanzen sind im Handel erhältlich.

 Die Pflanze ist giftig.

Schwanenblume, Rohrkolben, Hechtkraut und Blutweiderich gehören zu den beliebten Pflanzen für die Sumpfzone.

Blütenmeer und sattes Grün

Sumpfpflanzen

Die Sumpfzone ist die Zierde jedes Garten-teiches. Artenreichtum und bunte Pflanzen-vielfalt sind dort am größten. Räumen Sie dieser Zone in Ihrem Teich möglichst viel Platz ein.

Prachtvolle Blüten, außergewöhnliche Blattformen und filigrane Gräser: Faszinierend ist die Vielfalt der Sumpfpflanzen. Sie alle brauchen zu ihrer vollen Entfaltung den feuchten oder nassen Boden der Sumpfzone. Denn auch in der Natur stehen Sumpfpflanzen mit ihren Wurzeln oder mit dem untersten Sproßteil im Wasser. In dieser Zone Ihres Teiches kann es – wenn Sie die Pflanzen richtig auswählen – vom Frühjahr bis zum Herbst grünen und blühen. Außerdem sind hier die unterschiedlichsten Insekten zu Hause, die wiederum Singvögel, Frösche, Kröten und Molche anlocken.

Kolbenförmiger Blütenstand des Kalmus.

Nachmittags öffnen sich die Blüten des Froschlöffels.

Acorus calamus
Kalmus

Der aus Asien stammende Kalmus ist eine Heilpflanze. Sein Rhizom enthält ätherische Öle, die bereits im alten Ägypten als Arznei verwendet wurden.
Natürliches Vorkommen: In Röhrichtbeständen stehender oder langsam fließender Gewässer, auf schlammigen Böden.
Blüte: Mai – Juli. Unscheinbar, grünlich, zu einem Kolben zusammengefaßt.
Wuchs: Mehrjährig, mit wucherndem Rhizom. Im neu angelegten, nährstoffarmen Teich wächst er langsam, später üppig. Höhe 50 – 120 cm.
Standort: Sumpfzone. 0 – 10 cm Wassertiefe. Sonne und Halbschatten.
Einpflanzen: 1 pro m²; Bodengrund oder Container. Dem Rhizom eine Handvoll Gartenerde beifügen.
Pflege: Bei starker Vermehrung Rhizom teilen. Die Pflanze braucht nicht geschnitten zu werden, falls trotzdem gewünscht, am besten im Frühjahr. Winterhart.
Vermehren: Rhizomteilung.
Achtung: Enthält haut- und schleimhautreizende Stoffe.

Alisma plantago-aquatica
Froschlöffel

Seinen Namen trägt der Froschlöffel wegen der breiten, löffelförmigen Blätter.
Natürliches Vorkommen: Im Röhricht stehender oder langsam fließender Gewässer, auf nährstoffreichen Schlammböden.
Blüte: Juni – August. Klein, weiß, in etwa 20 – 40 cm hoher Rispe.
Wuchs: Mehrjährig, bildet dichten Bestand. Höhe 20 – 90 cm.
Standort: Sumpf- und Flachwasserzone, auch Bachlauf. 0 – 30 cm Wassertiefe. Sonne und Halbschatten.
Einpflanzen: 2 pro m²; Bodengrund oder Container. Jungpflanzen nicht unter Wasser setzen.
Pflege: Im Frühjahr alte Stengel und Blätter entfernen. Bei Wuchern Blütenstände vor der Samenreife abschneiden. Winterhart.
Vermehren: Wurzelstockteilung. Sät sich auch selbst aus, dann Jungpflanzen vereinzeln.
Mein Tip: Geeignet für eine Sumpfzone mit starken Wasserstandsschwankungen.
Achtung: Die Pflanze ist giftig.

Der Zweizahn blüht bis zum ersten Frost.

Die Schwanenblume paßt gut zu Röhricht.

Bidens tripartita
Zweizahn

Ihren Namen verdankt diese Pflanze zwei scharf gezähnten Borsten an den Früchten, die an Tieren haften bleiben und zur Verbreitung dienen.
Natürliches Vorkommen: An Teich- und Grabenrändern, auf nährstoffreichen Böden.
Blüte: Juli – Oktober. Unscheinbare, kleine Einzelblüten, hübsche gelbbraune Blütenkörbchen.
Wuchs: Einjährig, bildet dichten Bestand. Höhe 15 – 120 cm.

Standort: Sumpfzone und feuchter Teichrand. Bis 10 cm Wassertiefe. Sonnig.
Einpflanzen: 3 pro m²; Bodengrund.
Pflege: Pflanzen aussamen lassen und im Frühjahr abgestorbene Pflanzenteile entfernen. Bei zu frühem Schnitt verschwindet die Pflanze aus dem Teich. Bei starker Ausbreitung den größten Teil der Samenstände vor der Reife abschneiden.
Vermehren: Selbst aussamen lassen oder Samen im Herbst absammeln, im Februar aussäen.
Mein Tip: Geeignet für eine Sumpfzone mit starken Wasserstandsschwankungen.

Butomus umbellatus
Schwanenblume

Die Schwanenblume ist eine attraktive Sumpfpflanze, die blütenarme Röhrichtbestände im Gartenteich mit ihren zartrosa Blüten verschönert.
Natürliches Vorkommen: An Ufern mit stark wechselndem Wasserstand, an stehenden oder langsam fließenden Gewässern, auf humosen, nährstoffreichen Schlammböden.
Blüte: Juni – August. Weißrosa, an doldenähnlichem Blütenstand.
Wuchs: Mehrjährig, mit wucherndem Rhizom.

Die grasartigen Blätter stehen in grundständigen Rosetten, aus deren Mitte Blütenstengel entspringen. Höhe bis 120 cm.
Standort: Sumpfzone, auch Bachlauf. 0 – 10 cm Wassertiefe. Sonne und Schatten.
Einpflanzen: 5 pro m²; Bodengrund. Den Wurzeln eine Handvoll Gartenerde beifügen.
Pflege: Bei Wuchern zurückschneiden. Winterhart.
Vermehren: Durch Rhizomteilung oder Samen.
Mein Tip: Gedeiht im Schattenteich und in einer Sumpfzone mit Wasserstandsschwankungen. Paßt gut zu Schilf, Rohrkolben und Kalmus.

Die Sumpfcalla gedeiht am besten im Halbschatten.

Weiße Blütenblätter: Caltha palustris 'Alba'.

Calla palustris
Sumpfcalla

  ☠ S

Wegen ihrer schlängeln-den Wuchsform wurde die Sumpfcalla früher für ein Heilmittel gegen Schlangenbisse gehalten.
Natürliches Vorkommen: An Ufern stehender Ge-wässer, in Bruchwäldern, auf nährstoff- und kalkar-men Böden.
Blüte: Mai–Juli. Un-scheinbar, zu einem Kol-ben zusammengefaßt. Weißes Hochblatt.
Wuchs: Mehrjährig, mit Rhizom. Bildet dichte, bo-dendeckende Bestände. Höhe bis 40 cm.

Standort: Sumpfzonen-rand und feuchter Teichrand, auch Bachlauf. Nur die Wurzeln dürfen im nassen Boden stehen. Halbschatten und Schat-ten.
Einpflanzen: 2 pro m²; Bodengrund. Eine Hand-voll gut verrotteten Rin-denmulch beifügen.
Pflege: Bei Wuchern Rhi-zome einkürzen. Winter-hart.
Vermehren: Rhizomtei-lung.
Mein Tip: Gut geeignet als Randbepflanzung für Schattenteiche.
Achtung: Die giftigen roten Beeren sind verlockend für Kinder!

Caltha palustris
Sumpfdotterblume

Im Handel gibt es mehrere Zuchtformen.
Natürliches Vorkommen: An Ufern langsam fließender Gewässer, in Auwäldern und auf Sumpfwiesen, auf nähr-stoffreichen Böden.
Blüte: April–Juni. Bis 5 cm groß, leuchtend gelb.
Wuchs: Mehrjährig, pol-sterbildend. Höhe 30 cm.
Standort: Sumpfzone, auch Bachlauf. 0–5 cm Wassertiefe. Sonne und Schatten.
Einpflanzen: 2 pro m²; Bodengrund, Einhänge-

kasten oder Container. Den Wurzeln eine Hand-voll Gartenerde beifügen. Jungpflanzen nicht unter Wasser setzen.
Pflege: Wuchernde Nach-barpflanzen auslichten. Gegebenenfalls Sumpf-dotterblume durch Tei-lung des Wurzelballens begrenzen. Winterhart.
Vermehren: Durch Wur-zelstockteilung oder Samen. Steht sie frei, sät sie sich selbst aus.
Mein Tip: Gedeiht gut im Schattenteich.
Achtung: Die Pflanze ist giftig.

Sumpfdotterblumen. ▷
Es sind die Frühlingsboten, die schon im April gelbe Blütenpolster bilden.

Blütenähren der Scheinzypergras-Segge.

Wollgrasfrüchte: Hübsche weiße Flöckchen.

Carex pseudocyperus
Scheinzypergras-Segge

Die Scheinzypergras-Segge gehört zur großen Familie der Sauergrasgewächse. Die Gattung *Carex* ist die artenreichste innerhalb dieser Familie.
Natürliches Vorkommen: In Großseggenbeständen an Ufern stehender Gewässer und in Erlenbruchwäldern, auf humosen, nährstoffreichen, leicht sauren Böden. Bevorzugt mildes Klima.
Blüte: Juni. Grünlich und unscheinbar, in Blütenähren zusammengefaßt, die an langen, dünnen Stielchen überhängen.
Wuchs: Mehrjährig, horstbildend, dreikantiger Stengel. Höhe 40–90 cm.
Standort: Sumpfzone. 0 – 10 cm Wassertiefe. Halbschatten und Schatten.
Einpflanzen: 2 pro m²; Bodengrund. Eine Handvoll gut verrotteten Rindenmulch beifügen.
Pflege: Umgefallene Halme abschneiden und entfernen. Winterhart.
Vermehren: Wurzelstockteilung.
Mein Tip: Attraktive Pflanze für den Schattenteich.

Eriophorum spec.
Wollgras

Zwei heimische Wollgrasarten werden angeboten: das Breitblättrige (*Eriophorum latifolium*) und das Schmalblättrige Wollgras (*E. angustifolium*). Sie unterscheiden sich hauptsächlich in ihren Ansprüchen an den Säuregrad des Bodengrunds. Kalkhaltiger Bodengrund ist gut für das Breitblättrige Wollgras geeignet, kalkarmer Bodengrund für das Schmalblättrige.
Natürliches Vorkommen: In Mooren und Quellsümpfen, auf nährstoffarmen Böden.
Blüte: April – Mai. Unscheinbar, grasartig, an überhängenden Blütenähren. Früchte im Juni/Juli mit hübschen weißen Wollflöckchen.
Wuchs: Mehrjährig, horstbildend. Höhe 20 – 50 cm.
Standort: Sumpfzone. 0 – 5 cm Wassertiefe. Sonnig.
Einpflanzen: 3 pro m²; Bodengrund. *E. angustifolium* gut verrotteten Rindenmulch beifügen.
Pflege: Wuchernde Nachbarpflanzen auslichten. Winterhart.
Vermehren: Wurzelstockteilung.

Equisetum fluviatile
Teichschachtelhalm

Ihren Namen tragen die Schachtelhalme, weil ihre Stengelglieder wie ineinander geschachtelt aussehen.

Natürliches Vorkommen: An stehenden oder langsam fließenden Gewässern, auf schlammigen, nicht zu nährstoffreichen Böden.

Blüte: Keine. Verbreitung über Sporen, die sich an einem unscheinbaren Frühjahrssproß bilden.

Wuchs: Besitzt mehrjährige, im Schlamm kriechende Grundachse, aus der die 30 – 120 cm hohen Sprosse wachsen. Die Blätter haben sich zu kleinen Schuppen an den Knoten des Stengels zurückgebildet.

Standort: Sumpfzone. Etwa 5 cm Wassertiefe. Sonnig.

Einpflanzen: 5 pro m²; Bodengrund oder Container.

Pflege: Beschattung durch höher wachsende Nachbarpflanzen vermeiden. Winterhart.

Vermehren: Teilung der verzweigten, kriechenden Grundachse.

Besonderheit: Die Vorfahren der heutigen Schachtelhalme waren am Aufbau der Steinkohlewälder im Carbonzeitalter beteiligt.

Achtung: Die Pflanze ist giftig.

Der Teichschachtelhalm braucht einen sehr sonnigen Standort.

Wasserdost: Lieblingsplatz von Schmetterlingen.

Blüten des Mädesüß duften nach Vanille und Mandeln.

Eupatorium cannabinum
Wasserdost

Der Wasserdost ist ideal zum Bepflanzen eines Bereiches, der als Rückzugsraum für Teichtiere dienen soll. Seine üppigen Blütenstände sind Lieblingsaufenthaltsort vieler Schmetterlinge.
Natürliches Vorkommen: Auf Lichtungen, an Waldrändern und Ufern, auf feuchten, humosen, nährstoff- und kalkreichen Böden.
Blüte: Juli – September. Dunkelrot bis rotviolett, in doldigen Blütenständen.

Wuchs: Mehrjährige Staude mit dreiteiligen, teils rötlich überlaufenen Blättern. Höhe 75 – 150 cm.
Standort: Sumpfzonenrand, feuchter und trockener Teichrand. Am besten auf der Nordseite des Teiches, da er andere Pflanzen beschattet. Nur die Wurzeln dürfen im nassen Boden stehen. Sonne und Halbschatten.
Einpflanzen: 3 pro m²; Bodengrund. Den Wurzeln eine Handvoll Gartenerde und etwas Kalk beifügen.
Pflege: Im Frühjahr abgestorbene Stengel schneiden. Winterhart.
Vermehren: Wurzelstockteilung.

Filipendula ulmaria
Mädesüß

Das Mädesüß gehört zu den Rosengewächsen. Seine Blüten duften nach Vanille und Mandeln und locken die unterschiedlichsten Insekten an.
Natürliches Vorkommen: Auf Feuchtwiesen, an Wassergräben und in Auwäldern, auf nährstoffreichen Böden.
Blüte: Juni – August. Reichblütige Rispe mit kleinen weißen Blüten.
Wuchs: Mehrjährige Staude mit gefiederten Blättern. Höhe 50–150cm.

Standort: Äußerer Sumpfzonenrand und feuchter Teichrand. 0 – 3 cm Wassertiefe. Sonne und Halbschatten.
Einpflanzen: 2 pro m²; Bodengrund. Den Wurzeln eine Handvoll Gartenerde beifügen.
Pflege: Im Frühjahr alte Stengel schneiden. Winterhart.
Vermehren: Wurzelballen teilen.

Lungenenzian: Zarte, sonnenhungrige Schönheit.

Tannenwedel: Ein »Tannenwald« in Miniaturformat.

Gentiana pneumo-nanthe
Lungenenzian

  S

In der Natur kann sich der Lungenenzian gegen andere Pflanzen nur auf extrem nährstoffarmen Böden behaupten.

Natürliches Vorkommen: Auf Moorwiesen mit humosen, nährstoff- und kalkarmen Torfböden.

Blüte: Juli – Oktober. Glockenförmig, 2 – 3 cm groß, tiefblau, mehrere an einem Stengel.

Wuchs: Mehrjährig, schmale, lanzettliche Blätter. Höhe 15 – 40 cm.

Standort: Äußerer Rand der Sumpfzone. Nur die Wurzeln dürfen im nassen Boden stehen. Sehr sonnig.

Einpflanzen: 3 pro m² (in Gruppen pflanzen); Bodengrund oder Einhängekasten. Im Gartenteich kann er sich nur auf nährstoffreichen Böden behaupten. Den Wurzeln deshalb eine Handvoll Gartenerde beifügen. Für volle Besonnung sorgen.

Pflege: Wenn die Pflanze kümmert, neue Gartenerde an die Wurzeln geben. Beschattung vermeiden, deshalb Nachbarpflanzen regelmäßig auslichten. Winterhart.

Vermehren: Wurzelstockteilung.

Hippuris vulgaris
Tannenwedel

Der Tannenwedel hat nadelähnliche Blätter, die wie die Ästchen eines kleinen Tannenbaums quirlförmig um den Stamm angeordnet sind.

Natürliches Vorkommen: In klaren, kühlen Gewässern, auf humosen, nährstoffarmen Böden.

Blüte: Juni – August. Unscheinbar, grün, stehen einzeln in Blattachseln der Überwasserblätter.

Wuchs: Mehrjährig, bildet dichte Bestände. Höhe 20 – 30 cm über dem Wasser.

Standort: Sumpfzone, auch Bachlauf. 5 – 20 cm Wassertiefe. Sonne und Schatten.

Einpflanzen: 5 pro m²; Bodengrund. Jungpflanzen können in 10 cm Tiefe eingesetzt werden. Auf den Übergang von Unterwasserblättern (weich, breit) zu Überwasserblättern (nadelartig, fest) achten.

Pflege: Bei Wuchern an unerwünschten Stellen abschneiden. Winterhart.

Vermehren: Ausläufer abtrennen und einsetzen.

Mein Tip: Geeignet für den Schattenteich und zum Verbergen der Containerränder.

Iris pseudacorus: Gelbe Blütenpracht.

Iris sibirica: Blauweiße Blüten.

Iris pseudacorus
Gelbe Schwertlilie

Der deutsche Name Schwertlilie stammt von den steifen, schwertförmigen Blättern der Pflanze.
Natürliches Vorkommen: Auf Sumpfwiesen, in Bruchwäldern, im Röhricht, an Gräben, auf meist überschwemmten, nährstoffreichen Böden.
Blüte: Mai – Juni. An einem Stengel mehrere große gelbe Blüten.
Wuchs: Mehrjährig, mit Rhizom. Schwertförmige Blätter, etwa 3 cm breit. Höhe 80 – 100 cm.
Standort: Sumpfzone, auch Bachlauf. 0 – 10 cm Wassertiefe. Sonne und Halbschatten.
Einpflanzen: 3 pro m²; Bodengrund. Den Wurzeln eine Handvoll Gartenerde mitgeben.
Pflege: Alte, ins Wasser gekippte Blätter und Stengel im Frühjahr schneiden. Darauf achten, daß kleine, lichtliebende Nachbarpflanzen nicht überwuchert werden. Winterhart.
Vermehren: Durch Rhizomteilung oder Samen (→ Praxis Vermehren, Seite 31).
Mein Tip: Gedeiht auch am Schattenteich, bildet dann aber weniger Blüten.
Achtung: Die Pflanze ist giftig.

Iris sibirica
Blaue Schwertlilie

Im Handel sind Zuchtformen erhältlich, aber schwer zu bekommen (→ Adressen, Seite 63), zum Beispiel 'Maggie Lee' (helles rotviolett), 'Snow Bounty' (weiß) und 'Tropic Night' (tiefsamtig, blau-purpur).
Natürliches Vorkommen: Auf Moorwiesen, auf nährstoffarmen, kalkhaltigen Böden. Selten.
Blüte: Juni. Blauweiß, mit dunkelblauer Äderung.
Wuchs: Mehrjährig, schmale, bis zu 60 cm lange, eng am Stengel anliegende Blätter. Jungpflanzen sehen grasähnlich aus. Höhe 60 – 80 cm.
Standort: Sumpfzone, auch Bachlauf. 0 – 5 cm Wassertiefe. Sonnig.
Einpflanzen: 3 pro m²; Bodengrund, Container oder Einhängekasten. Den Wurzeln eine Handvoll Gartenerde und etwas Kalk beifügen.
Pflege: Auf Jungpflanzen achten, sie werden leicht mit Gras verwechselt und ausgerissen. Schnitt der älteren Pflanzen erst im Frühjahr. Winterhart.
Vermehren: Rhizomteilung. Bei reinen Arten Samenvermehrung (→ Praxis Vermehren, Seite 31).

Iris laevigata
Japanische Schwertlilie

Sie ist eine japanische Verwandte der heimischen Gelben und Blauen Schwertlilie. Da sie nicht zur heimischen Flora gehört, paßt sie nur an Zierteiche.
Natürliches Vorkommen: Auf Sumpfwiesen in Ostsibirien, Korea, Japan, China, auf humosen, nährstoffreichen Böden.
Blüte: Juni – Juli. Dunkelblau mit gelben Mittelstreifen auf den Hängeblättern. Zuchtsorten sind: 'Alba' (reinweiß), 'Albopurpurea' (weiß, blaurot gefleckte Hängeblätter), 'Atropurpurea' (violett, purpurrot oder blau), 'Niagara' (eisblau, gefüllt), 'Regal' (purpurrot, sehr groß), 'Variegata' (hellblau).
Wuchs: Mehrjährig, mit Rhizom. Glatte Blätter ohne Mittelrippe. Höhe 60 – 80 cm.
Standort: Sumpfzone. Etwa 15 cm Wassertiefe. Sonnig.
Einpflanzen: 3 pro m²; Bodengrund. Den Wurzeln eine Handvoll Gartenerde mitgeben.
Pflege: Ins Wasser geknickte Blätter abschneiden, im Frühjahr die Stengel. Winterhart.
Vermehren: Rhizomteilung. Sortenreines Vermehren durch Samen ist bei Hybriden nicht möglich.

Iris kaempferi
Japanische Schwertlilie

Gehört nur an Zierteiche.
Natürliches Vorkommen: Auf feuchten Wiesen in Japan, der Mandschurei, Korea und China, auf humosen, kalkfreien, nährstoffreichen Böden.
Blüte: Juni – Juli. Bei der Stammform purpurrot mit breiten Hänge- und schmalen Domblättern. Schöne Züchtungen → Foto, rechts unten.
Wuchs: Mehrjährig, Blätter mit Mittelrippe. Höhe 60 – 80 cm.
Standort: Sumpfzone. 0 – 5 cm Wassertiefe. Sonnig.
Einpflanzen: 3 pro m²; Container. Den Wurzeln eine Handvoll Gartenerde und gut verrotteten Rindenmulch beifügen.
Pflege: Optimal ist, wenn der Wurzelstock der Pflanze im Frühjahr überflutet wird und im Sommer trocken steht (Teichrand). Ins Wasser geknickte Blätter abschneiden, im Frühjahr die Stengel. Winterhart.
Vermehren: → *Iris laevigata*.

Iris kaempferi-Sorten:
1 Embosed
2 Herwig
3 Wella
4 Good Omen

Iris laevigata mit gelben Mittelstreifen.

Eine Auswahl an farbenprächtigen Sorten.

Pfennigkraut: Ideal für die Randgestaltung.

Blutweiderich: Mehr als 10 cm lange Blütenstände.

*Lysimachia
nummularia*
Pfennigkraut

Das Pfennigkraut trägt seinen Namen wegen der pfennigförmigen, kleinen Blättchen.
Natürliches Vorkommen: Auf Wiesen, an Gräben, Ufern und Auen, auf nährstoffreichen Böden.
Blüte: Mai – Juli. Gelb, etwa 1,5 cm groß, stehen einzeln in Blattachseln.
Wuchs: Mehrjährig, mit kriechendem Stengel, bildet dichte Bestände. Höhe etwa 10 cm.
Standort: Sumpfzone und Teichrand, auch Bachlauf.

0 – 10 cm Wassertiefe. Sonne und Schatten.
Einpflanzen: 5 pro m²; Bodengrund, Einhängekasten oder Container. Den Wurzeln eine Handvoll Gartenerde beifügen. Auch Jungpflanzen können unter Wasser gesetzt werden.
Pflege: Überwuchern durch andere Pflanzen verhindern. Winterhart.
Vermehren: Abtrennen der bewurzelten Ausläufer.
Mein Tip: Durch ihr bodendeckendes Wachstum eignet sich die Pflanze gut für die Teichrandgestaltung und fürs Verbergen von Containerrändern. Gedeiht im Schattenteich.

Lythrum salicaria
Blutweiderich

Der Blutweiderich ist eine attraktive, spätblühende Sumpfpflanze mit purpurroten Blütenkerzen.
Natürliches Vorkommen: Auf Naßwiesen, an Ufern und Gräben, auf nährstoffreichen, kalkarmen Böden.
Blüte: Juni – September. Klein, purpurrot, in kerzenförmigem Blütenstand.
Wuchs: Mehrjährige, kräftige Staude. Untere Pflanzenteile verholzt. Höhe 50 – 120 cm.
Standort: Sumpfzone.

0 – 15 cm Wassertiefe. Sonne und Halbschatten.
Einpflanzen: 2 pro m²; Bodengrund oder Container. Den Wurzeln eine Handvoll Gartenerde beifügen. Jungpflanze darf nicht völlig von Wasser überflutet sein.
Pflege: Erst im Frühjahr alte Stengel schneiden, damit die Pflanze aussamen kann. Außerdem ist sie beliebtes Winterquartier für Teichtiere. Wuchernde Nachbarpflanzen auslichten. Winterhart.
Vermehren: Wurzelstockteilung. Vermehrung durch Samen ist möglich. Der Blutweiderich ist ein Lichtkeimer! Samen müssen hell stehen und gut feucht gehalten werden.

Fieberklee: Weißrosa, gefranste Blütenblätter.

Schilf wird bis zu 2 m hoch.

Menyanthes trifoliata
Fieberklee

Der Fieberklee galt früher als fiebersenkend und appetitanregend.
Natürliches Vorkommen: Auf Flach- und Quellmooren, Verlandungsdecken von Moorseen, auf humosen, nährstoffarmen Böden.
Blüte: Mai – Juni. Blütenstand mit weißen, rosa überhauchten und gefransten Einzelblüten.
Wuchs: Mehrjährig, mit Rhizom, keine allzu dichten Bestände bildend. Kleeartige Blätter. Höhe bis 35 cm.

Standort: Sumpfzone, auch Bachlauf. Bis 10 cm Wassertiefe. Sonnig.
Einpflanzen: 5 pro m²; Bodengrund. Jungpflanzen so einsetzen, daß die Blätter zum größten Teil aus dem Wasser ragen.
Pflege: Wuchernde Nachbarpflanzen einkürzen. Winterhart.
Vermehren: Teilen des bewurzelten, kriechenden Stengels. Auch durch Samen möglich, doch umständlich.
Besonderheit: Zur Bestäubung sind große Insekten wie Hummeln erforderlich. Um kleine abzuhalten, hat die Pflanze Fransen an den Blütenblättern entwickelt.

Phragmites australis
Gemeines Schilf

Durch seinen dichten und hohen Wuchs bietet das Schilf vielen Tieren Lebensraum.
Natürliches Vorkommen: An stehenden oder langsam fließenden Gewässern, auf Moorwiesen und in Erlenbrüchen, auf nährstoffreichen Böden.
Blüte: Juli – September. Grün bis rötlich, in Rispen.
Wuchs: Mehrjährig, mit wucherndem Rhizom, bildet dichte Bestände. Höhe bis 2 m.
Standort: Sumpf- und Flachwasserzone, auch

feuchter Teichrand. 0 – 30 cm Wassertiefe. Sonne und Schatten.
Einpflanzen: 5 pro m²; Bodengrund oder Container. Nährstoffarmes Substrat hilft, die wuchskräftige Pflanze einzudämmen. Beim Pflanzen darauf achten, daß nicht kleine, lichtliebende Pflanzen beschattet werden.
Pflege: Alte Halme im zeitigen Frühjahr schneiden. Winterhart.
Vermehren: Rhizomteilung.
Mein Tip: Wegen seiner Höhe bildet Schilf einen schönen Abschluß am Nordrand des Teiches. Gedeiht gut am Schattenteich.

Hechtkraut blüht bis zum ersten Frost.

Immergrüne Teichpflanze: Zungenhahnenfuß.

Pontederia cordata
Hechtkraut

Das aus Nordamerika stammende Hechtkraut ist keine heimische Pflanze und paßt deshalb nur in einen Zierteich.
Natürliches Vorkommen: An stehenden oder langsam fließenden Gewässern Nordamerikas, auf nährstoffreichen Böden.
Blüte: Juni bis zum ersten Frost. Klein, blau, weiß oder rosa an etwa 10 cm langer Ähre.
Wuchs: Mehrjährig, mit wucherndem Rhizom. Große, weiche, glänzende Blätter. Höhe 50 cm.

Standort: Sumpfzone, auch Bachlauf. Bis 20 cm Wassertiefe. Sonne und Halbschatten.
Einpflanzen: 3 pro m²; Bodengrund. Die nährstoffliebende Pflanze nur in nährstoffarmes Substrat setzen, damit andere Arten nicht verdrängt werden.
Pflege: Gelegentlich auslichten. Im Herbst oberirdische Pflanzenteile abschneiden. Wurzelstock mit einem Winterschutz aus Laub versehen.
Vermehren: Rhizomteilung oder Aussaat im März – April. Samen bei 12 – 15 °C keimen lassen, dann kühler halten und Mitte Mai einsetzen.

Ranunculus lingua
Zungenhahnenfuß

Seinen Namen hat er wegen der zungenförmigen Unterwasserblätter.
Natürliches Vorkommen: Im Röhricht stehender oder langsam fließender Gewässer, auf zeitweise überschwemmten, nährstoff- und kalkarmen Schlammböden. Selten.
Blüte: Juni – August. 2 – 4 cm groß, gelb, einzeln am Stengelende.
Wuchs: Mehrjährig, mit wucherndem Rhizom. Schmale, sattgrüne und feste Überwasserblätter; weiche, hellbräunliche

Unterwasserblätter. Höhe 100 – 150 cm.
Standort: Sumpf- und Flachwasserzone. 0 – 40 cm Wassertiefe. Sonne und Halbschatten.
Einpflanzen: 3 pro m²; Bodengrund oder Container.
Pflege: In kleineren Teichen die in die Teichmitte wachsenden Pflanzenteile im Frühjahr abschneiden. Winterhart.
Vermehren: Bewurzelte Rhizomteile abschneiden und neu einsetzen.
Mein Tip: Geeignet für eine Sumpfzone mit starken Wasserstandsschwankungen.
Achtung: Die Pflanze ist giftig.

Pfeilkraut: Blätter zeigen in Nord-Süd-Richtung.

Igelkolben: Früchte ähneln eingerollten Igelchen.

Sagittaria sagittifolia
Pfeilkraut

Das Pfeilkraut besitzt große Blätter, die wie Pfeilspitzen aussehen.
Natürliches Vorkommen: Im Röhricht langsam fließender Gewässer, an Gräben, auf humosen, nährstoffreichen, sandigen oder schlammigen Böden. Selten.
Blüte: Juni – August. Etwa 2 cm groß, weiß, mit rotem Fleck in der Mitte, in übereinanderstehenden Quirlen.
Wuchs: Mehrjährige Knollen, pfeilförmige Blätter. Höhe 20–100 cm.

Standort: Sumpfzone, auch Bachlauf. 0 – 20 cm Wassertiefe. Sonne und Schatten.
Einpflanzen: 2 pro m²; Bodengrund oder Container. Bei Jungpflanzen dürfen Überwasserblätter nicht unter Wasser stehen.
Pflege: Wuchernde Bestände auslichten. Im Frühjahr abgestorbene Stengel entfernen. Winterhart.
Vermehren: Knollen an Ausläuferenden im Herbst abnehmen und einsetzen.
Mein Tip: Gedeiht gut im Schattenteich.
Achtung: Knollen können Hautreizungen verursachen.

Sparganium erectum
Aufrechter Igelkolben

Der Igelkolben ist eine sehr anspruchslose Sumpfpflanze. Sein Fruchtstand ähnelt einem eingerollten Igel.
Natürliches Vorkommen: Im Uferröhricht stehender oder langsam fließender Gewässer, auf nährstoff- und kalkreichen Böden.
Blüte: Juli – September. Unscheinbare, kugelige Blütenstände.
Wuchs: Mehrjährig. Aus dem Rhizom einer einzelnen Pflanze kann sich in wenigen Jahren ein dichter Bestand bilden. Höhe bis 50 cm.
Standort: Sumpfzone. 0 – 25 cm Wassertiefe. Sonne und Halbschatten.
Einpflanzen: 2 pro m²; Bodengrund. Darauf achten, daß keine niedrigen Pflanzen beschattet werden.
Pflege: Im Frühjahr alte Blätter schneiden. Winterhart.
Vermehren: Rhizomteilung oder Aussaat.
Besonderheit: Als Schutz vor Tierfraß hat der Igelkolben Oxalatkristalle in den Blättern eingelagert.

Typha spec.
Rohrkolben

Vom Rohrkolben gibt es mehrere Arten, von denen für den Gartenteich außer dem Schmalblättrigen (*Typha angustifolia*) noch der Kleine (*T. minima*) und der Breitblättrige Rohrkolben (*T. latifolia*) in Frage kommen.

Natürliches Vorkommen: Im Röhricht stehender, warmer Gewässer, auf nährstoff- und kalkarmen, schlammigen Böden. Selten.

Blüte: Juni – August. Sehr klein, grünlich, in großen kolbenförmigen Blütenständen.

Wuchs: Mehrjährig, mit kriechendem Rhizom, große Bestände bildend. Höhe 1 – 2 m.

Standort: Sumpf- und Flachwasserzone. Bis 20 cm Wassertiefe. Sonne und Halbschatten.

Einpflanzen: 3 pro m^2; Bodengrund oder Container. Nicht an Südseite, weil er dann andere Pflanzen beschattet.

Pflege: Alte Stengel im Frühjahr über der Wasseroberfläche schneiden. Winterhart.

Vermehren: Rhizomteilung.

Mein Tip: Der Kleine Rohrkolben wird nur 70 cm hoch und eignet sich daher gut zur Bepflanzung von kleinen Teichen.

Gut geeignet für größere Teiche: Schmalblättriger Rohrkolben.

Die Seerosen mit all ihren farbenprächtigen Zuchtsorten sind die Königinnen des Teiches.

Bunte Teppiche auf dem Teich

Schwimm- und Schwimmblattpflanzen

Prächtige Schwimmblattpflanzen wie die farbenfrohen Seerosen – aber auch andere, weniger bekannte – verleihen Ihrem Gartenteich erst seinen Charme.

Schwimmpflanzen haben meist keine Bodenwurzeln und schwimmen auf dem Wasser. Schwimmblattpflanzen wurzeln im Bodengrund und ihre Blätter und Blüten schwimmen auf der Wasseroberfläche. Die prächtigen Seerosen sind die begehrtesten Schwimmblattpflanzen, aber es gibt noch einige andere, die ebenso reizvoll sind. Oft bieten diese eine gute Alternative zu Seerosen, da sie auch in kleinen Teichen gedeihen. Mit dem Einsetzen von Schwimmblattpflanzen sollten Sie sparsam sein. Lieber soll sich eine Pflanze gut entfalten können, als daß viele dicht gesetzt mit ihren Blättern die Wasseroberfläche bedecken und Unterwasserpflanzen Licht wegnehmen.

Der Wasserstern bildet hübsche Blattrosetten.

Teichrose: 4 bis 6 cm große, kugelige Blüten.

Callitriche palustris
Wasserstern

Der Wasserstern ist eine amphibische Pflanze. Er wächst je nach Standort als Wasser- oder Land-form.

Natürliches Vorkommen: In flachen, stehenden Gewässern, auf humosen, nährstoff- und kalkarmen Schlammböden. Selten.

Blüte: Mai – Oktober. Unscheinbare Unter-wasserblüten.

Wuchs: Mehrjährig, bildet kleine Blattrosetten entweder schwimmend auf dem Wasser oder im feuchten Boden

wurzelnd. Ragt etwa 5 cm aus dem Wasser.

Standort: Sumpf- und Flachwasserzone. 0 – 60 cm Wassertiefe. Sonne und Halbschatten.

Einpflanzen: 5 pro m²; Bodengrund. In der Flach-wasserzone so einsetzen, daß die Blattrosetten auf dem Wasser schwimmen.

Pflege: Überwachsen durch wuchernde Unter-wasserpflanzen und Algentrübe verhindern. Winterhart.

Vermehren: Bewurzelte Sproßverzweigungen abschneiden und ein-pflanzen.

Besonderheit: Bleibt auch im Winter grün und liefert Sauerstoff für den Teich.

Nuphar lutea
Teichrose

Die Teichrose ist eine Schwimmblattpflanze. Ähnlich, nur kleiner, ist die Zwerg-Teichrose (*Nuphar pumila*).

Natürliches Vorkommen: In stehenden oder lang-sam fließenden, nährstoff-armen und -reichen Gewässern, auf humosen Sand- und Kiesböden.

Blüte: Juni – August. Leuchtend gelb, kugelig, von Stielen 10 – 20 cm übers Wasser gehalten.

Wuchs: Mehrjährig, mit Rhizom. Weiche Unter-wasserblätter, bis 40 cm

große, ovale Schwimm-blätter an langen Stielen.

Standort: Tiefwasserzone. 0,8 – 2 m Wassertiefe. Sonne und Halbschatten.

Einpflanzen: 1 pro m²; Bodengrund. Den Wur-zeln eine Handvoll Gartenerde beifügen.

Pflege: Von Unterwasser-pflanzen freihalten. In trüben Gewässern küm-mert sie. Bei Wuchern Schwimmblätter nahe am Rhizom abschneiden. Winterhart.

Vermehren: Rhizom-teilung.

Mein Tip: Eignet sich auch für kleine, flache Teiche.

Achtung: Die Pflanze ist giftig.

Die Seekanne gedeiht am besten in Regionen mit milden Wintern.

Nymphoides peltata
Seekanne

 S

Die Seekanne gehört – zusammen mit ihrem nächsten Verwandten, dem Fieberklee – zu den Enziangewächsen. Als Schwimmblattpflanze ist sie eine Ausnahme unter den Enziangewächsen, die sonst hauptsächlich auf Bergwiesen und in Mooren vorkommen. Als Früchte bildet sie eiförmige, etwa 1 cm große Kapseln, die scheibenförmige Samen enthalten. Die Samen schwimmen auf dem Wasser und heften sich an das Gefie- der von Wasservögeln an. Dadurch gelangen sie auch in andere Gewässer.

Natürliches Vorkommen: In meist flachen, stehenden oder langsam fließenden Gewässern, auf nährstoffreichen Böden. Bevorzugt wintermildes Klima. Selten.

Blüte: Juli – August. Gelb, trichterförmig, bis 7 cm lang, mit bewimperten Blütenblättern. Immer 2 bis 5 Blüten ragen in Büscheln über die Wasseroberfläche.

Wuchs: Mehrjährig, seerosenartig. Kleine runde Schwimmblätter gehen aber nicht wie bei der Seerose vom Rhizom aus, sondern von flutenden, verzweigten Stengeln. Ragt etwa 10 cm aus dem Wasser.

Standort: Flach- und Tiefwasserzone, auch Bachlauf. 0,5 – 1,5 m Wassertiefe. Sonnig.

Einpflanzen: 2 pro m²; Bodengrund oder Pflanzcontainer. Eine Handvoll Gartenerde zu den Wurzeln geben.

Pflege: Gegebenenfalls wuchernde Nachbarpflanzen zurückschneiden. Darauf achten, daß die im Wasser flutenden Stengel nicht verletzt werden. Winterhart.

Vermehren: Teilen der verzweigten Grundachse. Auch durch Samen möglich.

Besonderheit: Die Seekanne ist ein Wärmezeiger. Das bedeutet, daß sie in der Natur nur in milden Regionen wächst.

Mein Tip: Die Seekanne gedeiht im Gegensatz zur Seerose auch in kleinen, nicht so tiefen Gartenteichen. Falls Sie beide Pflanzen in Ihrem Teich haben, muß die wuchskräftigere Seerose ab und zu zurückgeschnitten werden, damit die Seekanne nicht verdrängt wird.

Tropische Seerose: Nymphaea stellata 'Caerulea'.　　*Heimische Seerose: Nymphaea alba.*

Nymphaea alba
Weiße Seerose

  S

Die Weiße Seerose ist eine heimische Schwimmblattpflanze. Von ihr wurden die unterschiedlichsten Sorten gezüchtet.

Natürliches Vorkommen: In stehenden, nicht zu trüben Gewässern, bis etwa 3 m Wassertiefe, auf humosen, nährstoffreichen Schlammböden.

Blüte: Juni – September. 10 – 20 cm groß, weiß mit gelben Staubblättern. Blüten öffnen sich vormittags und schließen sich abends wieder.

Wuchs: Mehrjährig, mit Rhizom. Bis 40 cm große, rundliche Schwimmblätter an meterlangen Blattstielen, die wie die Blütenstiele dem Rhizom entspringen.

Standort: Tiefwasserzone. 0,7 – 3 m Wassertiefe. Sonnig.

Einpflanzen: 1 pro m²; Bodengrund oder Container (→ Praxis Einpflanzen, Seite 19).

Pflege: Bei guter Besonnung und ausreichender Wassertiefe gedeiht sie im Gartenteich prächtig. Winterhart. Weitere Pflege → Praxis Pflege, Seite 23.

Vermehren: Rhizomteilung → Praxis Vermehren, Seite 30.

Achtung: Die Pflanze ist giftig.

Weitere Arten: Züchtungen in vielerlei Farbvariationen (von gelb über rot bis kupferfarben) werden angeboten. Die meisten Sorten sind winterhart und können im Teich bleiben. Es wurden Sorten gezüchtet, die kleiner bleiben und daher auch in geringeren Wassertiefen gedeihen, zum Beispiel von *Nymphaea candida*, *N. odorata* oder *N. pygmaea*. Sie eignen sich für kleine Teiche oder die Flachwasserzone.
Auch vielerlei tropische Verwandte sind erhältlich. Die bekannteste ist die Amazonische Riesenseerose (*Victoria amazonica*), die jedoch wegen ihrer Größe (bis 2 m große Blätter) in Gartenteichen nur selten Platz findet. Bei tropischen Arten reicht die Farbpalette noch weiter, bis hin zu Blautönen. Ihre Blüten schwimmen nicht auf dem Wasser, sondern werden von den Blattstielen übers Wasser gehalten. Sie sind empfindlich gegen niedrige Temperaturen und müssen im Frühherbst aus dem Teich genommen und im Warmen überwintert werden (→ Nicht winterharte Teichpflanzen, Seite 24).

Wasserknöterich gedeiht auch in tieferem Wasser.

Schwimmendes Laichkraut verträgt Schatten.

Polygonum amphibium
Wasserknöterich

Der Wasserknöterich bildet je nach Standort eine Land- oder Wasserform. Im Gartenteich wird meistens die Wasserform als Schwimmblattpflanze verwendet.

Natürliches Vorkommen: In Seerosengesellschaften und im Uferröhricht stehender Gewässer, auf kalkfreien, nährstoffreichen und schlammigen Böden.

Blüte: Juni – September. Klein, rosa, ährenförmig zu einem 10 – 15 cm über dem Wasser stehenden Blütenstand angeordnet.

Wuchs: Mehrjährig, mit Rhizom. Bis 20 cm lange Schwimmblätter.

Standort: Flach- und Tiefwasserzone, auch Bachlauf. 30 – 100 cm Wassertiefe. Sonne und Halbschatten.

Einpflanzen: 2 pro m²; Bodengrund. Den Wurzeln eine Handvoll Gartenerde beifügen.

Pflege: Bei Wuchern Blätter im Sommer oder Herbst zurückschneiden. Winterhart.

Vermehren: Rhizomteilung.

Achtung: Die Blätter können Hautreizungen verursachen.

Potamogeton natans
Schwimmendes Laichkraut

Obwohl das Schwimmende Laichkraut in der Natur nur in tieferen Gewässern vorkommt, gedeiht diese Schwimmblattpflanze im Gartenteich schon ab 40 cm Wassertiefe.

Natürliches Vorkommen: In stehenden oder langsam fließenden Gewässern, auf nährstoffarmen Schlammböden, bis 6 m Wassertiefe.

Blüte: Juni – August. Grüne, kolbenförmige Blütenstände.

Wuchs: Mehrjährig, am Boden kriechendes, knollig verdicktes Rhizom, wuchert.

Standort: Tiefwasserzone, auch Bachlauf. Ab 40 cm Wassertiefe. Sonne und Schatten.

Einpflanzen: 3 pro m² (in Gruppen pflanzen); Bodengrund. Kleine Pflanzen können in die gewünschte Tiefe gesetzt werden, nur nicht in sehr trüben Teichen.

Pflege: Bei Wuchern Blattstiele nahe am Rhizom abschneiden. Winterhart.

Vermehren: Rhizomteilung.

Mein Tip: Gedeiht gut im Schattenteich.

Die Krebsschere wächst überall im Teich.

Die Wassernuß bildet schwimmende Blattrosetten.

Stratiotes aloides
Krebsschere

  S

Die Krebsschere ist eine Schwimmpflanze und gedeiht auch in stark verschmutzten Gewässern.
Natürliches Vorkommen: In stehenden, windgeschützten, nährstoffreichen und kalkarmen Gewässern.
Blüte: Mai – Juli. Blüte aus 3 weißen, 3 – 4 cm großen Blättern, mit gelbem Fleck in der Mitte.
Wuchs: Mehrjährig, mit Ausläufern große »Teppiche« bildend. Starre, dreikantige Blätter stehen in Rosetten zusammen.

Standort: Flach- und Tiefwasserzone. Sonne und Halbschatten.
Einpflanzen: 2 pro m²; am besten an einem Platz einsetzen, wo sie sich »festhalten« kann (neben einen Inselcontainer).
Pflege: Gelegentlich eindämmen, da sie Unterwasserpflanzen Licht nimmt. Dazu Ableger (etwa die Hälfte des Bestandes) aus dem Wasser ziehen und abschneiden. Winterhart.
Vermehren: Bewurzelte Ausläufer abtrennen und neu einsetzen.
Besonderheit: Bildet im Herbst Wurzeln, mit denen sie sich zum Überwintern auf den Bodengrund zieht.

Trapa natans
Wassernuß

 S

Ihren Namen trägt diese Schwimmblattpflanze wegen ihrer Früchte, die aussehen wie spitzförmige Nüsse mit Widerhaken. Sie heißen »Ankerfrüchte«, denn die abgefallenen Nüsse verankern sich im Schlamm. Aus ihnen wachsen neue Pflanzen zur Wasseroberfläche. Die Wassernuß kümmert in zu kalten Gewässern.
Natürliches Vorkommen: In stehenden Gewässern milder Regionen, auf humosen, nährstoffreichen, kalkarmen Schlammböden. Wurzelt in 1 – 2 m Tiefe.
Blüte: Juni–Juli. Klein, unscheinbar, weißlich, stehen in Blattachseln. Frucht reift im September/Oktober.
Wuchs: Einjährig, schwimmende Rosette aus kleinen, rautenförmigen Blättern an 1 – 2 m langem Stiel, der durch die Fruchtreste im Boden verankert ist.
Standort: Flach- und Tiefwasserzone. 40 – 150 cm Wassertiefe. Sonnig.
Einpflanzen: 2 pro m²; Bodengrund.
Pflege: Keine besondere Pflege erforderlich.
Vermehren: Nüsse im Herbst abnehmen und an neuem Ort versenken.

Üppig blühender Wasserschlauch in einem Niedermoortümpel.

Nährstoffregler und Sauerstofflieferanten

Unterwasserpflanzen

Sie sind die Reinigungstruppe des Garten-teiches. Denn Unterwasserpflanzen wirken als regelrechte »Nährstoff-Fallen« und »Schmutzfänger«.

Unterwasserpflanzen spielen eine wichtige Rolle bei der Teichpflege, weil sie dem Teichwasser Sauerstoff zuführen und Nährstoffe entnehmen. Für ihr Wachstum nehmen sie die im Wasser gelösten Nährstoffe auf, die sonst zum schnellen Wuchern von wassertrübenden Algen führen würden. Durch regelmäßiges Auslichten der Unterwasserpflanzen werden dem Teich also überschüssige Nährstoffe entnommen. Außerdem tragen Unterwasserpflanzen zur Klärung des Teichwassers bei, weil sich an ihren Blättern Schwebstoffe absetzen und dort »festgehalten« werden. Daher dürfen sie in keinem Gartenteich fehlen. Außerdem bieten sie Unterschlupfmöglichkeiten für Teichtiere.

Bildet kleine Unterwasserblüten: Rauhes Hornblatt.

Wichtige Unterwasserpflanzen-Arten.

Ceratophyllum demersum
Rauhes Hornblatt

Blüte: Juni – September. Unscheinbare, kleine Unterwasserblüten.
Wuchs: Mehrjährig, wurzellos.
Standort: Flach- und Tiefwasserzone, auch Bachlauf. Bis 150 cm Wassertiefe. Sonne und Schatten.
Einpflanzen: 5 pro m²; mit Pflanzstein versenken.
Pflege: Gegebenenfalls auslichten. Winterhart.
Vermehren: Seitenverzweigungen abtrennen und versenken.
Mein Tip: Gedeiht im Schattenteich.

Chara spec.
Armleuchteralgen
Foto 1

Blüte: Keine.
Wuchs: Mehrjährig, vielfach verzweigt, bildet ausgedehnte »Unterwasserrasen«.
Standort: Flach- und Tiefwasserzone. Bis 50 cm Wassertiefe. Sonnig.
Einpflanzen: 5 pro m²; mit Pflanzstein versenken.
Pflege: Gegebenenfalls auslichten. Winterhart.
Vermehren: Büschel abtrennen und einsetzen.

Myriophyllum spec.
Tausendblatt   **S**
Foto 2

Blüte: Juni – August. Klein rosa, an aufrechter Ähre.
Wuchs: Mehrjährig, zart, stark verzweigte Unterwasserblätter.
Standort: Flach- und Tiefwasserzone, auch Bachlauf. Etwa 1 m Wassertiefe. Sonne und Schatten.
Einpflanzen: 5 pro m²; mit Pflanzstein versenken.
Pflege: Gelegentlich benachbarte Unterwasserpflanzen eindämmen. Winterhart.
Vermehren: Seitenverzweigungen abtrennen und versenken.

Elodea spec.
Wasserpest
Foto 3 und 4

Blüte: Mai – September. Blüht bei uns meist nicht.
Wuchs: Mehrjährig, wuchert, wurzelt im Bodengrund. Verzweigter, im Wasser schwebender Stengel.
Standort: Flach- und Tiefwasserzone, auch Bachlauf. 1 m Wassertiefe. Sonne und Halbschatten.
Einpflanzen: 5 pro m²; mit Pflanzstein versenken.
Pflege: Regelmäßig auslichten. Winterhart.
Vermehren: Seitenverzweigungen abtrennen und einsetzen.

Hottonia palustris
Wasserfeder

Blüte: Mai – Juni. Weiß bis rosa mit gelbem Fleck in der Mitte.
Wuchs: Mehrjährig. Ragt etwa 15 – 30 cm aus dem Wasser.
Standort: Sumpf- und Flachwasserzone. 5 – 50 cm Wassertiefe. Sonne und Schatten.
Einpflanzen: 3 pro m²; Bodengrund, Container oder Einhängekasten. Gut verrotteten Rindenmulch beifügen.
Pflege: Bei Wuchern Bestände am Rand schneiden. Winterhart.
Vermehren: Bewurzelte Stengelverzweigungen abtrennen und einsetzen.
Besonderheit: Bleibt im Winter grün.

Utricularia vulgaris
Wasserschlauch
Foto 1 und 3

Blüte: Juni – August. Gelb, löwenmaulähnlich, ragen einige Zentimeter übers Wasser.
Wuchs: Mehrjährig, wurzellos. Weiche, in zahlreiche haarförmige Zipfel zerteilte Blätter, die im Wasser schweben.
Standort: Flachwasser-zone. Etwa 50 cm Wassertiefe. Sonnig.
Einpflanzen: 5 pro m²; mit Pflanzstein versenken.
Pflege: Gelegentlich aus-lichten. Winterhart.
Vermehren: Seitenver-zweigungen abtrennen und versenken.

Besonderheit: Besitzt kleine »Fangbläschen«, mit denen er Wasser-tierchen fängt (→ Foto 1 und Seite 11).

Potamogeton densus
Dichtes Laichkraut
Foto 2

Für den Gartenteich eignen sich neben dem Dichten Laichkraut noch andere Arten: Kamm-laichkraut (*P. pectinatus*), Krauses Laichkraut (*P. crispus*), Glänzendes Laichkraut (*P. lucens*).
Blüte: Juni – August. Klein, unscheinbar, an Ähren. Selten.
Wuchs: Mehrjährig, zart, bis 30 cm lang. 1 – 2 cm lange Blättchen, paar-weise dicht am Stengel.
Standort: Flachwasser-zone, auch Bachlauf. 20 – 50 cm Wassertiefe. Sonnig.
Einpflanzen: 5 pro m²; mit Pflanzstein versen-ken, nicht zu nahe an Schwimmblattpflanzen.
Pflege: Von wuchernden Unterwasserpflanzen frei-halten. Winterhart.
Vermehren: Bewurzelte Seitenverzweigungen abtrennen und einsetzen.
Besonderheit: Bleibt in milden Wintern grün.

Die Wasserfeder blüht von Mai bis Juni.

Wasserschlauch (1, 3) und Dichtes Laichkraut (2).

REGISTER

Die **halbfett** gesetzten Seitenzahlen verweisen auf Farbfotos und Farbzeichnungen.
U = Umschlagseite.

60

Mehr Freude am Garten.
Die schönsten Ideen von GU.

DER GROSSE GU RATGEBER

Peter Stadelmann

GARTEN TEICH

Experten-Rat und praktische Anleitungen

Peter Stadelmann

Der Gartenteich
Mehr Freude an Zierteich, Naturteich und Bachlauf

Wolfgang Eberts

Bambus
in Haus und Garten

Andrea Kögel

Rhododendren
und Azaleen
So gedeihen und blühen sie am besten

Christine Recht

Beerenobst
biologisch ziehen

Reinhard Henke

Fuchsien
So gedeihen und blühen sie am besten

Halina Heitz

Rosen
So gedeihen und blühen sie am besten

Großer GU Ratgeber Gartenteich
Die schönsten Gestaltungs-Ideen für Naturteich, Zierteich, Badeteich, Sumpfbeet und Bachlauf. Mit neuen Teichvarianten. 144 Seiten, mit 150 exklusiven Farbfotos, Paperback. 33,– DM.

Der Gartenteich
Zum Reinschnuppern: das Selber-Anlegen ist viel leichter als Sie glauben – auch im kleinsten Garten. 64 Seiten, 50 Farbfotos. 14,80 DM.

Bambus in Haus und Garten
Exotische Riesengräser im Trend: heiter, elegant, pflegeleicht. 48 Seiten, 50 Farbfotos. 12,80 DM.

Rhododendren und Azaleen
So gedeihen und blühen sie am besten. Experten-Rat für Standort, Pflanzung, Pflege und Vermehrung. 64 Seiten, 70 Farbfotos. 14,80 DM.

Beerenobst biologisch ziehen
Erfolgreich pflanzen, pflegen, schneiden. Mit ertragreichen Sorten für Garten, Balkon und Terrasse. 64 Seiten, 60 Farbfotos. 14,80 DM.

Fuchsien
... wie Tänzerinnen in duftigen Ballettröckchen! Vollendete Blütenpracht. Durch Gärtnermeister-Tips. 64 Seiten, 70 Farbfotos. 14,80 DM.

Rosen
Worauf es bei der Pflanzung und Pflege von Strauch-, Beet- und Kletterrosen ankommt. Auch für Anfänger. 64 Seiten, 70 Farbfotos. 14,80 DM.

Mehr draus machen.
Mit GU.

GU GRÄFE UND UNZER

Bezugsquellen für Teichpflanzen

Karl Wachter KG,
    2081 Appen-Etz
Plastoplan/renatur GmbH,
    2355 Ruhwinkel
Jörg Petrowsky, Aschau-
    Teiche, 3106 Eschede
Stauden Junge, Seeanger-
    weg 1, 3250 Hameln
Holzum-Teichanlagen,
    Empeler Str. 91,
    4242 Rees
Erich Maier, 4417 Alten-
    berge-Hausell
Albrecht Spezialkulturen,
    Döringsdorfer Str. 3,
    3442 Wanfried
Ursula Oldehoff,
    Gartenstr. 1 b,
    8196 Achmühle/Obb.
Wassergärtnerei Emmerl,
    Zangberger Str.1,
    8261 Ampfing
Berthold-Seerosen,
    8299 Fridolfing
Oldehoff, 8395 Hauzen-
    berg-Krinning
Dehner, Postfach 71,
    8852 Rain/Lech

Bücher, die weiterhelfen

Jauch, D.: *Goldfische und Kois in Aquarium und Gartenteich.* Gräfe und Unzer Verlag, München
Nachtigall, W.: *GU Kompaß Tiere im Teich – Naturteich und Zierteich.* Gräfe und Unzer Verlag, München
Schnell, G.: *Fische im Gartenteich.* Franckh'sche Verlagshandlung, W. Keller & Co., Stuttgart
Stadelmann, P.: *Der Große GU Ratgeber Gartenteich.* Gräfe und Unzer Verlag, München
Stadelmann, P.: *Der Gartenteich. Mehr Freude an Zierteich, Naturteich und Bachlauf.* Gräfe und Unzer Verlag, München
Wilke, H.: *Der Naturteich im Garten.* Gräfe und Unzer Verlag, München

Die Fotografen:
Becker: Seite U2, 12/13, 21, 32/33, 35, U3; U4; Eisenbeiss: Seite 39; Göger: Seite 33 u.; Natur & Text: Seite 44 re., 58 o.m., 59 m. li.; Labhardt: Seite 49 re., 56 re.; Pforr: Seite 47 re., 55 re.; Reinhard: Seite 25, 43 re., 46 re., 48 re., 52 re., 59 o.; Scherz: Seite 37 re.; Schlaback-Becker: Seite 15; Schimmitat/Angerer: Seite 38 li.; Strauß: Seite U1, 2 o., u., 3 o., 5, 13 u., 14, 20, 27, 34, 36 li., 37 li., 38 re., 40 li., re., 41, 42 li., re., 43 li., 44 li., 45 o., m. li., m. re., u.li., u. re.; 46 li., 47 li., 48 li., 49 li., 50, 51, 52 li., 53, 54 li., 55 li., 56 li., 58 li., o. re., u. re., u. m., 59 m. re., u.; Tessenow: Seite 57; TIPHO/Titz: Seite 4; Wothe: Seite 10, 36 re., 54 re.

Wichtig: Die Adressenlisten erheben keinen Anspruch auf Vollständigkeit. Eine telefonische oder schriftliche Anfrage bei den Herstellern klärt am besten über Sortimente, Spezialitäten und Verkaufsmodalitäten auf. Legen Sie Ihrem Brief stets einen frankierten Rückumschlag bei.

Einige in diesem Buch abgebildeten Gartenteiche sind von Gartengestaltern angelegt worden:
Henk Weyers, Haarlem/Holland (S. 15, U3); Felix Viell, Düsseldorf (S. 12/13)

Verlag und Fotograf Friedrich Strauß danken folgender Firma für Ihre Unterstützung: Jörg Petrowsky, Aschau-Teiche, 3106 Eschede.

Außerdem danken Verlag und Autorin Herrn Peter Stadelmann für die Durchsicht des Manuskripts.

Wichtige Hinweise

In diesem Buch geht es um die Pflege von Teichpflanzen. Einige der beschriebenen Pflanzen sind mehr oder weniger giftig. Im Beschreibungsteil (→ Seite 34 bis 59) wird unter dem Stichwort »Achtung« auf die spezifische Gefährdung für die Gesundheit hingewiesen. Tödlich giftige Pflanzen oder minder giftige, die bei geschwächten Erwachsenen oder Kindern erhebliche gesundheitliche Störungen hervorrufen können, sind mit einem Totenkopf gekennzeichnet. Achten Sie unbedingt darauf, daß Kinder und Haustiere, die mit dem Stichwort »Achtung« und dem Totenkopf gekennzeichneten Pflanzen nicht essen.
Einige Pflanzen sondern hautreizende Stoffe ab, auch darauf wird bei den jeweiligen Pflanzen hingewiesen. Wer an Kontaktallergien leidet, sollte bei der Berührung dieser Pflanzen unbedingt Handschuhe anziehen.
Um sich und andere vor Schaden zu bewahren, sollten Sie Ihren Teich ausreichend sichern (mit Schutzzaun oder Schutzgitter), vor allem, wenn kleine Kinder in Ihrem Haushalt leben oder wenn der Teich in einem nicht eingezäunten Gartengelände liegt. Der Abschluß einer Haftpflichtversicherung, die sich auf den Teich bezieht, ist sehr zu empfehlen. Jeder Gartenteichbesitzer muß dafür sorgen, daß kein Wasser – weder unter- noch oberirdisch – aufs Nachbargrundstück gelangen kann. Kontrollieren Sie deshalb regelmäßig die Wasserleitung, und führen Sie Wasserwechsel oder Teichentleerung sachgemäß durch.

Die Fotos auf dem Umschlag:
Umschlagvorderseite: *Nymphaea* 'Marliacea Rosea'.
Umschlagseite 2: Blaue Schwertlilien.
Umschlagseite 3: Blutweiderich.
Umschlagrückseite: Gartenteich mit üppiger Randbepflanzung.

Die Fotografen: → Seite 63.

CIP-Titelaufnahme der Deutschen Bibliothek
Pflanzen für den Gartenteich: so blühen und grünen sie am schönsten; Experten-Rat für Kauf, Pflanzung, Pflege und Vermehrung; mit Bepflanzungs-Ideen für Sumpfzone, Flach- und Tiefwasserzone/Antje Jansen. – 1. Aufl. – München: Gräfe und Unzer, 1991
(Gu-Pflanzen-Ratgeber)
ISBN 3-7742-1066-7
NE: Jansen, Antje

1. Auflage 1991
© Gräfe und Unzer GmbH, München

Redaktionsleitung: Hans Scherz
Redaktion: Renate Weinberger
Lektorat: Mirjam Baumann
Herstellung: Johannes Schmidt-Thomé
Zeichnungen: Marlene Gemke
Umschlaggestaltung: Heinz Kraxenberger
Satz: Compusatz
Repro: Dörfel
Druck: Pera
Bindung: Oldenbourg

ISBN 3-7742-1066-7